EFFICIENT
USE
OF TIME

时短术

日本生产性改善会议　编

泊舟　译

北京联合出版公司
Beijing United Publishing Co.,Ltd.

　　一天对谁来说都是平等的 24 小时。尽管如此，却有工作处理得很好，收入也很丰厚，有充分时间享受余暇的人；也有忙于工作，在公司的评价和收入都很低，享受余暇时间不多，还要加班并在假日出勤的人。

　　同样是商务人士，为什么会有如此大的差别呢？答案就是"时间的用法"。会工作的人、讴歌人生的人，与并非如此的人相比，在使用时间的技巧上会有压倒性的优势。也就是说，前者是专业的时间管理者。

　　这本书，会从日程管理术一直讲到商务谈判、会议的技巧、最新的数字活用术，介绍超过 400 种缩短工作时间的"技术"。这之中也有关于人际关系的章节之类的和缩短工作时间关系不大的项目。但是，缩短工作时间并不是单纯地让所有工作都效率化。比如说，展开令人际关系变圆融的交流，制作不出纰漏的资料，可以在挽救失败的同时兼具防止时间损耗的效果。这些虽然都统称为缩短时间，但其内容涉及很多方面。

总之，说起缩短工作时间术的话，也许有人会诧异："真的有用吗？"例如说，有的人觉得记电脑快捷键麻烦，而用鼠标操作。但是，如果使用快捷键来工作，一个工作日能缩短 10 分钟的话，简单地计算下，一年就能节省 40 个小时。缩短工作时间术就是这样的"稍微下点儿功夫"的积累。你如果觉得自己工作慢，就趁此机会，来试一试这个你从来没想过的"稍微下点儿功夫"如何呢？

但是，有一件必须注意的事。通过缩短工作时间术而得到时间，是"手段"而不是"目的"。重要的是把应用缩短工作时间术而节省出的时间，变成磨炼自己的时间，或者是作为与家人、朋友、恋人相聚的时间。

是把有限的人生，埋没在无限的工作中，还是变成缩短工作时间术的高手，把工作以外的时间也充实地度过？要选择哪种人生，就看诸位读者自己了。

2017 年 9 月

生产性改善会议

CONTENTS

目录

第一章
让工作顺利进展的日程术

绝对不加班的方法 // 2

利用笔记本来做日程管理 // 9

时间管理使工作高速化 // 15

带来最佳成果的工作管理术 // 22

缩短工作时间的关键是事前计划 // 33

有效利用"早午晚" // 40

缩短工作时间的逆向思维 // 46

第二章

社会人必须具备的工作时间缩短术

改善不想开始工作的心情 // 52

"不做""拒绝做"的作用 // 60

防止浪费，提高效率 // 70

通过不犯错来防止时间损失 // 82

短时间内出效果的学习法 // 89

工作前后的自我管理术 // 97

"马上就好""马上通过"的策划案制作术 // 104

第三章

让事情顺利推进的人际关系术

甩掉会议的无用程序 // 116

提升谈判成功率的秘诀 // 128

稍花心思就有效果的邮件、电话诀窍 // 143

构筑良好人际关系的方法 // 149

第四章
提高工作效率的整理术

告别混乱文件、资料的整理术 // 166

最快的信息整理秘诀 // 175

稍加整理，就能节省时间 // 181

第五章
更上一层的数字活用术

知道了就能派上用场的电脑工作时间缩短术 // 196

提高生产率的网络活用术 // 207

更轻松地发送邮件的方法 // 220

工作中能派上用场的应用和软件的使用方法 // 236

智能手机上可用的工作时间缩短术 // 242

第六章
马上就能学会的超高速电脑操作术

更高效的电脑使用技巧 // 248

想要马上尝试的 Word 与 Excel 功能 // 257

主要参考文献 // 281

第一章

让工作顺利进展的日程术

绝对不加班的方法

☉ 把 30 分钟的加班变为 30 分钟的 "提前作业"

比起加班，能更高效地推进工作的，是上班之前的 "提前作业"。在上班时间前，没有人会来电话，也没有访客。公司内部很安静，这样就能按照自己的步调来工作。另外，在工作的同时也会有和客户联系、与公司内部进行协商等业务，可以先着手准备这些事。

而要问 "提前作业" 和 "加班" 相比有什么不同的话，那就是自己的意识了。就算没有加班的打算，也会不自觉地想 "在末班车之前还有时间……" 或是跟同事闲聊，或是出去吃饭的情况也不少。

但是，如果是"提前作业"的话，就会把注意力集中在"离上班时间还有 30 分钟，想把这件事和那件事做好"，这样就能在短时间内处理很多工作了。

⊙ 分析加班的"5W1H"，查明根本原因

为了减少加班，就要彻底解析加班的"5W1H"，有必要分析出其根本原因。

也就是说，用"谁（Who），在何处（Where），在什么时候（When），做什么（What），为什么（Why）"来对加班状况进行分析，然后再来考虑"如何（How）"改善就好。

特别一提，想要分析根本原因的话，重点就是要反复地诘问"为什么"。成为加班原因的事情为什么会发生? 从这里开始想起吧，经历几个阶段的深入思考之后，就一定能找到真正的原因。

⊙ 把下班"后"的交流变为上班"时"的交流

很久以前，下班后的交流酒会，也就是所谓的"痛饮会"

是很普遍的。但是，鉴于近年来上班族们不宽裕的经济状况，再加上工作时长之类的原因，"痛饮会"出现了减少的倾向。

但是，就算不用特意在下班后花费时间和金钱，工作时间内的交流也完全可以构筑人际关系。

特别是午餐时间，可以算是在上班时间也能讨论工作以外事情的宝贵时间段。不仅因为不会给经济造成多少负担，也因为只需花费很少的时间，所以要积极地利用起来。

⊙ 不要每天都加班，而是要选定"这一天加班"

以加班为前提来工作的话，生产率和效率从最开始就不会高。虽然决定出不加班日也是解决这个问题的方法之一，但如果在不加班日之外的日子全都拖拖拉拉地加班，并成为常态的话，就鸡飞蛋打了。

这里要推荐的是，选定"这一天加班"，设定"加班日"的方法。

改变"每天拖拖拉拉地加班"的状态，让生活张弛有度的话，每天工作时应该就能自然地集中注意力了。

⊙ 切断预先安排晚上加班的恶性循环

你可能觉得，是因为工作处理不完而被迫加班的，实际上加班却成了很多人的癖好和坏习惯。由于加班到很晚，第二天就带着这种疲劳感去上班，结果效率上不去又加班，这样的恶性循环是不是怎么也无法切断？遇到这种情况，就把私人安排放在晚上好了。

最有效果的是安排约会。为了在正点下班后能赶到约会地点，就会拼命地努力工作。安排技艺学习和研讨会效果也很好。如果有"为了这个要努力"的安排的话，应该能引发出自己的力量了。

⊙ 把加班时间用作对自己的投资

下决心践行"不加不必要的班"的时候，就能创造出自己的时间了。把这个宝贵的时间用来做自我投资吧。首先想要推荐的，是去学校学习和取得资格证书。因为学校里有从不同学科领域而来的人，即便长时间地待在公司中，也能通过这种方法获取闻所未闻的价值观和思考方式。这不仅是一种新鲜的惊喜，此后于公于私也都能用到。而且，如果能够取得资格证书的话，那就会成为终生的宝物。

虽说是投资，却也不仅限于工作。有能埋头于自己兴趣爱好的时间的话，用来充实私人生活也很好。增益自身，是对自己的投资。

⊙ 创造"今天要在×点回家"这种无路可退的情况

工作时间拖长，加班变为理所当然的话，就发表一个"今天要在×点回去"的宣言吧。当然，为了不给周围的人造成麻烦，必须要做初步的准备，但既然自己说出口了，那就为了在那个时间之前结束工作而拼命努力吧。

试着去做的话，就会发现连续加班不光是上司和部下的原因，你自己也浪费了时间。这样一来，为了提高效率，你就会找到工作的窍门。

偶尔把自己逼到无路可退的情况，自己所拥有的潜在能力也许就会觉醒过来呢。

⊙ 尽量把不擅长的事情交给"专业"人士

如果独立去做没有经验的工作和不擅长的领域的业

务，就会花费大量的时间和辛苦，结果被迫加班。对于这样的工作请尽量放手，交给这方面的"专业"人士才是上策。

比如打扫卫生、搬家之类的工作，给公司内部进行培训的讲师工作，还有总务、后勤等业务，像这些各种各样的交给专业人士更好的工作，考虑到性价比的话，进行外包是很有效率的。

⊙ 快要赶不上工期的时候拉周围的人帮忙

在商务世界里，遵守规定期限是绝对的条件。即使是未完成的情况，也要最优先考虑提交事宜。

但是，遇到无法按时完成工作就会失去对方信任的情况，绝不能一个人承担。不仅要马上向上司报告情况，遵从其指示，还要和周围的人商量，让手头不忙的人帮忙也是很有效的办法。虽然也要考虑到业务内容，但对于可以托付给外面的活儿，也请不断地向外部借力量。业务量多却能不断做出优秀成果的人，很多都擅长这样来减轻自己的负担。

可能也会有因为把周围的人卷进来而感到抱歉的人，但要知道若业务就此断送的话情况会更严重，将这点铭记在心，马上行动起来吧。

⊙ 怀着"不加班"的决心才能减少加班

虽然常常会觉得"提高工作速度的话就能减少加班"，但其实不是那样的。实际上是"下决心不加班的话，工作速度就会提升"。

这个时候重要的是"回家的勇气"。准时离开座位，离开公司。如果没有这个勇气的话，就什么也做不到。

特别是经常因拖延而加班的人，若是抱着"绝对按时回家！"这样强烈的决心，就能从坏习惯中摆脱出来，在短时间内取得成果。

利用笔记本来做日程管理

⊙ 首先要写上的是"休养"的时间

总是不知不觉就拉长工作周期，习惯性地就拖延了。或是在与客户进行洽谈时，无法自己规划时间，因为一些原因拖延着就加班到第二天了。

如果想在一定的时间内完成工作的话，在日程管理中首先应该决定的就是"休养"的时间了。在笔记本上写上"从×点开始休息30分钟""×日是休息日"等，到了那个时间、那一天，无论是做到一半的工作还是马上就能完成的工作都要中断，去休息或转换心情。如果想着"再过一个小时就能休息"的话，就会产生努力的心情，适当休养与高质量的工作是紧密相关的。

极力推荐把休息时间用红框标出。这样一来，休息时间就被视觉化了，就能让自己在那个范围内可以做的事变得明确。也就是说，重点是把"休息时间"写得显眼。

⊙ 外出时要记下"出发时间"和"所需时间"

在笔记本上记下约会预定时，不要只写约会时间，而要把"出发时间"和"路程所要花费的时间"等，也都事前调查好、填写上比较好。

那样的话，"×点之前出发的话还是能完成工作的""到那里需要×小时，在这期间读下一个项目的资料吧"，就能最大限度地利用空闲时间做有效的事情了。

⊙ 记日程时也写下结束时间

没有按照预定时间结束商谈，侵占了接下来的预定时间这种事，谁都经历过吧。

为了不造成计划的混乱，所以在手册的日程栏里，不光要写上计划的开始时间，也要写上计划的结束时间。

比如，从 13 点开始商谈，如果 14 点开始有会议的话，就写上"13 点 50 分结束商谈"。如此一来，为了配合那个预定时间而采取行动的话，就不会给下一项任务带来影响。

⊙"临时预约"用可消除用笔记录

即使是"临时预约"也无妨，为了防止重复预定，还是记到笔记本上比较好。那种有很多个候选日期的预约，也应该把所有的候选日期都填上。

但是，如果是用钢笔写的话，改写就很困难了。所以在记"临时预约"的时候，可以使用铅笔或飞行员用的"可擦笔"等可消除用笔，到了确定阶段，再用圆珠笔等改写。

⊙ 写下实际花费的时间，宏观观察自己的工作

"什么事都不可能按照原定计划发展。可能会比预计时间要迟，只要不发生麻烦就算好的了。"应该经常会有在一天结束之后回顾日程表上的预定，并在心里这样想的人吧。

但是，偶尔在一天结束时，打开笔记本，在当天日程

表的空白处写下实际花费的时间来比较一下吧。是不是有偷懒浪费时间的情况，或是做很容易的工作却花费了很多时间呢？也许，自己把时间的价值看得太低了吧。

这样来宏观观察自己使用时间的方法和对工作内容的思考方式，应该就能找到需要改善的点了。

⊙ 养成经常看日程安排的习惯

不能只满足于把日程记在笔记本上。为了防止放鸽子和临时取消之类的失误，应该养成经常打开笔记本看的习惯。

特别是到达公司坐下来的时候，绝对不要把笔记本放在书包或是抽屉里面就不管了。而要让笔记本保持打开的状态，放在眼睛能看到的地方。另外，即使在外出的情况下，也要养成打开写有约定时间的笔记本的习惯，那样，就可以预防万一的失误了。

⊙ 用多种颜色来管理日程表

笔记本中，除了工作预定之外，还有私人约会、购物列表等日常的各种杂事，会写满各种各样的事情。如果用多个颜色管理的话，就能马上了解自己的时间平衡度了。

比如说，工作以及和工作有关的用餐是黑色，和朋友见面是蓝色，约会是红色，除此之外的私人时间和学习都是绿色。

只要打开笔记本，就能马上发现"这个月就玩了啊"。由于笔记本是色彩鲜艳的，打开就会很开心，所以很自然就能写下去了。使用自己中意的文具里面喜欢的颜色书写的话，就能在工作中稍微歇口气。

⊙ 将日程全上传到云端统一管理

商务计划，不知道会在何时何处发生。在与客户商谈时、坐在公司的办公桌前时，甚至在开会时，会有忽然需要确定重要的预约、没有计划但应该空出来日子，或突然确定工作的截止日期等情况。而且即便在私人场合，也会突然出现酒会和约会的预定。不把这些全部记在日程表上的话，就会不小心忘记或是重复预定。

这样的日程，用"谷歌日历"之类的云端统一管理会很方便。从公司的电脑到自己的智能手机，只要输入了，就可以随时确认，也可以随时变更。这样还可以防止因写在各处的日历或日程表上而混乱、遗忘。

时间管理使工作高速化

⊙ 在工作的间隙设置 30 分钟的"预备时间"

工作的日程安排过多的话，只要一项任务慢了一点儿，就会影响接下来的工作，还有更以后的工作，这种延迟会不断地延伸，产生恶性循环。

为了解决这种工作上的停滞不前，如果工作了 90 分钟的话，就要休息 30 分钟,在任务和任务的间隙设置一个"预备时间"。

这样一来，即使工作延迟了，也可以利用预备时间解决，避免影响下一项任务。

⊙ 在间隙时间内插入 5 分钟能完成的任务

会议或商谈的前后，在路程中产生的短暂时间，若是累积起来，就会成为很长的时间。

为了不浪费这些时间并有效地利用起来，可以事先准备好以利用这个间隙时间为目标的"5 分钟就能完成的任务"，会收到很好的效果。

查阅新闻，整理笔记，确认资料等，如果是重要度和紧急度低的 5 分钟内就能完成的任务，就不太需要思考。因此，即便在会议或商谈这种要求思考的工作间隙去做，负担也很小，可以不必担心。

⊙ 利用"计时器"熟悉工作的标准时间

为了使工作效率化，首先要掌握自己的现状。在制作企划书、总结报告等时候，如果知道自己日常的工作标准时间，就可以预防拖延工作了。

那么，如何把握工作的标准时间呢？这里推荐利用"计时器"。

自己完成一项任务要花费多少时间？在反复测量的

过程中，自然就可以看到自己的标准时间。同时，如果能了解现状，将打破纪录当作目标的话，也能提高处理速度。

⊙ 不要把工作时间设定为半点或整点

在日程表上写下工作的预计时间时，通常会以 30 分钟、1 小时这样的单位来划分。但是，人有根据预计时间来调整工作本身的习惯。

比如把预计时间设定为 1 小时的话，即使 50 分钟能结束的工作也经常会花 1 个小时。而且，尽管还有 10 分钟的富余时间，工作质量却几乎没有提高。

为了防止这样的浪费，必须以 10 分钟、5 分钟为单位来考虑工作的安排。也就是说，特意不把工作设定为半点或整点，会让工作效率化。

⊙ 从"什么时候做完"变成"从什么时候开始做"

在进行工作安排的时候，决定"什么时候做完"是很重要的，但更重要的是"从什么时候开始做"。

仅仅设定截止日期的话，总觉得会有充裕的时间，就容易晚一步着手。而且，一旦开始着手，就可能会发现实际工作内容超过了预期，出现在截止日期前无法完成工作这样的失误。

首先要自己试着着手，了解这项工作的整体面貌，这样的话就能对什么时候才能完成有一个初步的印象了。

⊙ 了解早、午、晚的时间段中有哪些适合与不适合的工作

即使做同样的工作，时间段不同，效率也会不同。为了有效地完成工作，应该将一天分为早晨、中午、晚上三个时间段，并在各自的时间段安排最适合的工作。

清晨，头脑最清楚，电话和邮件也很少，适合设定为拟订文件或制订规划之类需要集中精神的办公时间段。

中午，或是和人聊天，或是进行身体活动，适合商谈和外出。

晚上，疲劳感袭来，因此适合处理固定业务和未完工作，推荐进行按部就班的工作事项。

⊙ 以"15 分钟"为单位设置任务

在工作的过程中，有时会感到厌烦或没效率。这是注意力被打断的证据。

人的集中力被认为以 15 分钟左右为周期波动。但是，在公司不可能每 15 分钟休息一次。

于是，把眼前的工作以 15 分钟为单位进行划分，一个一个地处理，就能让注意力得以持续。

把任务设定为"将这个数据输入这里""检查这个文件，修改正确"等，这样详细具体的内容就好。通过把任务一个接一个地清除，会得到成就感，大脑经过片刻休息后就会恢复注意力，得以再努力 15 分钟。

⊙ 1 分钟以内决定，1 分钟以内行动

任何事情都要"马上"去行动，这一点很重要，但一旦变成行动，若只是用抽象的语言来描述的话，身体是不会动的。抱有具体的数值目标，才会将人导向实际行动。

所谓数值目标也只是个大致目标，15 分钟也好，30 分

钟也好。适当的紧张感，有提高判断力和行动力的效果，建议设定为"1分钟以内"。

首先是身体，要渗透进"1分钟以内决定，1分钟以内行动"的感觉。其结果是，不会浪费时间思考，能直觉性地展开正确的行动。

⊙ 把预估时间增加五成

如果想着"这项工作3个小时就可以完成了"，而花费的时间超过预想就会感到慌张。把预估时间"增加五成"左右就正好了。

首先，要做好在工作中可能出现突发情况，或被其他业务折腾的准备。周末或月末，会有无法推迟的事情跳出来，日程会不得不推迟，所以不能掉以轻心。如果是以前没有做过的工作，问一下有经验的上司和前辈，了解一下要花多少时间。预先找他们商量，如果出现突发事件却马上就到截止日期的话，他们有可能会帮助你。

但是，虽然增加了五成的预估时间，但不能就此磨洋工。如果时间有富余了，就做其他的业务吧。

⊙ 提高时间利用的"质"而非"量"

说着"忙""忙""忙"的人，做公司的工作就已经竭尽全力了，总感叹私人时间不充裕。但是，也有一边处理更多工作一边挑战新鲜事物的人。

一天对谁来说都是 24 小时，会出现这种差异，原因不在于时间利用的"量"，而在于"质"。即使是同样的 1 小时，如果浪费时间，不良影响就会波及甚至削减之后本应好好休息的时间。

在说忙之前，请重新审视自己的时间使用方法，把精力集中在应该集中精力的地方，就能高质量地利用时间，不会只是被心情上的忙碌所追逐。

带来最佳成果的工作管理术

⊙ 制订一天该做的"TO DO"列表

为了防止工作出现疏漏，要把一天应该做的事情做成一个"TO DO"列表。

在记录日程安排时，因为直接写到笔记本上优先顺序会不太清楚，而且替换顺序也比较麻烦，所以也有很多人是利用便签的吧。

但是，在制订一天该做的"TO DO"列表时，还是将每天的固定时间记在笔记本上比较好。

特别是在一天刚开始时记下的话，可以统一查看所有的计划。这样做的话，可以一边估计各项任务中所需要的时间，一边制订整体的计划，也能减少拖延的情况。

⊙ 制订"TO DO"列表的同时，也制订"NOT TO DO"列表

虽然处理大量的工作时"TO DO"列表是非常有效的，但是沉浸在消灭任务项目的成就感中也会对工作效率产生负面影响。为了不陷入这种错误，要决定好不做的事，也就是设置"NOT TO DO"列表。

"NOT TO DO"列表上应该写的事情是，"在 A 工作结束之前不打开邮件""× 点之前不接电话"等。对于优先级别高的工作，可以通过阻挡其他工作来提高工作效率和质量。

⊙ "TO DO"列表，一天要修正三次

"TO DO"列表，对商务人士来说是个强力的支持。但是，工作是无法预料的，或是被上司提出紧急要求，或者要处理比想象中更费时间的工作。

于是，"TO DO"列表要一天修正三次。或是因为工作的优先顺序有变化，或是因为有需要追加的事情，所以

有必要做出修改。

但是，这种修改是检查一下有没有从列表中漏掉的事，或只是更换优先顺序，所以没必要花时间去深思。工作前、吃午饭后、下班前等时间看一眼，再修正下列表就行了。

⊙ 把 "TO DO" 列表和周围的人分享

"TO DO" 列表对把握自己工作的整体状况有好处。但是，如果只有自己知道整体状况，周围的人却不了解的话，就会收到一个接一个的工作委托，无法实现效率化。

也就是说，如果进行团队工作的话，和所有成员共享 "TO DO" 列表是必需的。

每天早上，都在全员可以看到的白板之类的上面写下 "TO DO" 列表，让自己的忙碌 "可视化"，展现给周围的人看，就更能圆融地实现商务交流。

⊙ 划掉 "TO DO" 列表中完成的工作

把应该做的工作制订成 "TO DO" 列表，不仅仅可以提高工作的确切性，还有引发干劲的作用。

如果"TO DO"列表中有完成了的工作的话，就在那里画一个检查标记吧。但是，让我们用更清晰的方式让它消失吧。大叉子也好，用喜欢的颜色的笔画双重线也好。每次增加一个消失项目时，就会品尝到不断打倒袭击的敌人并前进的成就感。

终点当然是完成全部项目。接下来就是享受私人乐趣、慢慢放松的时间了。

⊙ 把工作按"重要度"和"紧急度"来分类

工作很多的话，每天努力完成就已拼尽全力了。不管再怎么做，都会被下一项工作的截止日期追赶着，真是厌烦了吧。

这种时候，把每一项工作用"重要度"和"紧急度"来分一下类就好了。如果是重要度和紧急度都高的工作，没有空闲是理所当然的。这不仅仅会让你感到疲惫，也会带来工作质量下降的危险。

或是重新思考一下能否找到窍门来完成工作，或是看看能否和同事、部下分担一下业务等，重新审视一下整个工作比较好。如果有重要度、紧急度都低的工作，可以放松地完成，或是等之后再做决定，让能提早做预测的工作方式成为可能。

⊙ 优先处理重要程度、紧急程度都高的工作

在工作中，如果注意到重要程度和紧急程度的优先顺序，就可以以自己的步调来解决了。

首先，必须先好好完成的，自然是重要程度和紧急程度都高的工作。与之相比，也有虽然重要程度高，但紧急程度低的工作。如果确认了交货期的话，就安下心来做完吧。

另一方面，在日常的业务中，重要程度低但紧急程度高的工作也有很多。如果熟练的话，可以在短时间内做完，就来利用间隙时间吧。然后可以留待以后的，是重要程度和紧急程度都低的工作。

但是，如果这样的工作持续推迟的话，就会产生大量累积，之后就会慌张起来，所以要注意。

⊙ 把类似的工作一次完成

每天的工作都有很多琐碎的事情：电话联系、邮件收

发、邮包处理、电脑文件和资料的制作等。

这类工作，如果是打电话的话，集中打一次就能完成好几件；如果是查阅邮件的话，某种程度上也是一样的。最好把同种类的工作总结一下，效率会比较高。

中间夹了其他工作的话，注意力就会被中断了，从座位上站起来又回来，或是电脑画面不停切换到别的软件等，都会花费多余的时间。一段一段短暂的时间，合起来就足够多了。与此相比，若是将同一类型的工作整合起来做的话，速度就会加快，进展也会更顺利。

不要随心所欲地想干什么就干什么，而是要有计划地行动。

⊙ 让一项行动具备两个及以上的目的，从而实现效率化

如果说"一项行动有两个及以上的目的"的话，听起来可能会觉得很难。但是，这是日常生活中任何人都习以为常的行为。去看电影的时候顺便买东西，或是一边等上下班的公交车一边学习，"顺便""一边""一举两得"是效率化的基本。意识到这一点，应该还能找到很多能节省时间的事情。

以小组为单位来实行这点的话，就能实现更大的效率化。比如有人去分公司的话，就把其他人的事一并总结办理。如果平时能很好地进行交流，就可以在合作中把工作顺利地进行下去。

⊙ 让行为"可视化"，客观分析每一天

你是怎样度过一天的呢？回忆自己的行动，也只剩下粗略的印象。把自己一天的行动好好地做一次"可视化"整理，就能进行客观的分析了。

6 点 30 分起床，洗脸，吃饭，上厕所，离开家是 7 点 20 分……把从早上到就寝的一整天的行动尽可能详细记录，看一眼就能明白了。

如果是平日的话，24 小时中最多的是工作时间，但是睡眠和饮食也很重要，也有做家务的时间。假日里，或是出去玩玩，或是搞搞兴趣爱好，抑或是明明也没有什么想看的节目，却一直没完没了地看电视，或埋头于游戏中浪费时间……经过"可视化"，就都可以看出来了，这也会成为重新审视自己的契机。

⊙ 让出差时的会面高效化

在制订工作会面预约时，要一边考虑对方的日程安排，一边尽快地联系，这是最大的要点。

特别是出差的时候，不能只制订一种计划。首先要把出差时最核心的重要会面预定好，如果能把其他的会面都一口气定好的话，就能制订出高效率的日程。

另外，有多项预约的时候，要把出行的路线记在脑子里，有条理地出行会更有效率。住宿的地方也可以选在早上第一个预约的客户附近，这样可以更有效地利用时间。

⊙ 整合外出日程，缩短路上时间

从公司出发去见客户，当然要在路上花费时间。如果是往返的话，一天就要花相当多的时间了。因此整合外出计划就可以缩短路上时间。

从 A 公司出来后去 B 公司，然后直接转到 C 公司，就这样一个接一个地做完事情，就像攀爬了名为客户的"梯子"。这样一来不仅缩短了路上的时间，比起在公司和客户之间不断往返也不会那么累，留出的时间还可以在办公室里办公。

但是，为了避免发生因 A 公司的会议时间延长了，导致到 B 公司的会议迟到之类的事，还是要谨慎地设定日程。

⊙ 带着碎片工作出门

在进行日常工作的过程中，会有一些碎片工作不断积累。但是，进行这种碎片作业时，没有必要特意确保时间。即使有很在意的事情，也只需要记在"TO DO"列表上保留下来。

进行碎片作业的话，利用"碎片时间"是最适合的。为了有效利用等待电车的时间，办公室的业务和业务之间空余的 5 分钟、10 分钟这种碎片时间，希望你能提前就把碎片工作准备好。

⊙ 将工作进度"可视化"，然后多次确认，避免风险

如果工作周期长或是很复杂的话，出现各种各样错误的概率也会越来越高。为了避免这样的危机，有必要采取制作进度表之类的措施，将工作的进展状况"可视化"并

多次反复确认。

特别是在团队共同进行项目的情况下，请共享日程，制作出能够一览成员现在工作进程的进度表。另外，为了使信息顺利且实时地共享，推荐利用数字技术。

⊙ 认真检查，遇到问题就修正方向

即便是进展顺利的工作，有时也会发生意想不到的纠纷。但是，如果把检查做仔细的话，就不会造成大问题，修正方向就可以了。

制订好计划，在实施之前再怎么注意，开始运行后也要注意检查工作上的失误和错漏。定期检查自不必说，还要随时确认进展状况。修正方向，越早越容易做到。

养成这个习惯的话，即使没有到出问题的程度也能发现问题，还可以注意到没必要的过程或重复作业，从而将其省略掉。认真地检查能够减少浪费。

⊙ 要铭记，评判工作的不是时间而是成果

每晚都在加班，会因此而觉得自己是个会工作的人

吗？尤其是在日本的公司，员工总是加班到临近末班车的时间，公司里残留着宣扬睡眠不足和过度劳累的风气，甚至有那种比上司下班早就会遭受白眼的氛围。

与此相比，外资公司许多是采用年薪制，所以无论怎么加班年收入也不会有改变。不仅如此，加班还会被视作无能，不管处在多高的地位，如果拿不出工作成果的话，马上就被解雇也不是什么稀奇事。

虽然不能说哪边更好，但工作的评判确实并不是以花费于其上的时间，而是以成果来衡量的。

缩短工作时间的关键是事前计划

⊙ 将一天的日程在前一天制订好

如果一天的日程不在前一天制订好的话，就不能顺利地进行工作。制订日程时的注意事项是，一天的日程要安排在切实可行的范围内。

对什么都贪心的话，很可能会导致工作做不完。如果时间有剩余，把第二天及以后的工作提前做就可以了，绝对不要把工作塞得过多。

另外，用眼睛来确认的话，确实能减少不小心忘记预约这样的错误。安排日程的时候，一定要写在笔记本上。

⊙ 将正午设定为一天工作的"临时交货期"

即使制订了一天的工作日程，如果不去想着这事，到了傍晚就会慌张了吧。

作为对策，试试把自己当天应该做的工作在中午之前完成。当然，你会觉得"我不可能做到那样的事"。但是，你可以在自己心中把中午设定为"临时交货期"，然后开始冲刺，虽然做得不完美，但多少还是可以完成一些的。

工作慢的人大多是"最后冲刺型"的。或是快到截止日才完成，或是因为修正错误或发生预料以外的情况要多花时间。如果提前完成工作的话，就能把握工作的整体概况并重新评估不完善的部分，能够高质量地完成工作。

⊙ 提前一天准备好碎片时间要做的工作

工作中，有能够在短时间内就完成的事情。这样的工作，即使不一一计划时间，也可以利用碎片时间进行有效率的处理。在碎片时间做的工作，要在前一天的下班前整理出来。

如果安排在列表上，就可以防止不小心忘记。提前一天制订的理由是，碎片时间经常会在第二天早上突然产生。

因为客户和上司的时间问题，而突然有了时间。如果这个时候再去想做什么好的话，来之不易的碎片时间也就结束了。但是，如果事先列出来，就可以一个接一个地处理了。完成之后看到成果，也会很有充实感。

另外，如果把它们列出来的话，因为该做的事情一目了然，所以也就不需要费力去想了。

⊙ 把一周的日程提前一周就制订好

把一周的粗略日程提前一周制订好的话，就能很顺利地实施了。填写日程的顺序是，首先把上周没做完的工作安排到星期一，然后按照优先顺序分配新的工作就行了。

并且，和制订一天的日程时一样，在制订一周日程的时候，也不能把计划制订得太满。为了能应对不在计划内的工作，需要留出一定程度上的空余。

另外，在一天的工作没有按照计划结束的情况下，应该制订一个花几天时间能补回来的、灵活的日程安排。

⊙ 在开始工作之前确定所需的时间

为了提高工作的速度，建议在开始工作之前确定所需的时间。具体时间的设定是每个人的自由，短的可以是 10 分钟，长的可以是 3 个小时，重要的是事先确定好工作的时间。

这个时候，重要的不是怎样能比预计更早完成工作，而是通过确定截止日期，怀着到那时必须结束工作的心理，从而一口气提升工作的速度，这才是最大的益处。

⊙ 设置一天的"电话时间"

集中精神工作的手段之一，就是确定好一天中集中打电话的"电话时间"，这是个非常有效的办法。

首先，打电话的时候，不要想起来就去打，而是将要打电话联系的对象名单列出。然后确定好要打电话的时间，比如 10 点、14 点、16 点之类的。

接电话也一样。要设定一个集中精力工作的时间段，在这期间，所有来电全部都等过后再回拨。但是，有必要和周围的同事等说明情况，以及接、打紧急电话除外。

⊙ 设定"自我截止日期"

总是赶着截止日期，到完成时已经踩到死线了。"真希望能稍微有点儿宽裕的时间啊。"这样想的人应该很多。

越是这样的人，越该这样做：设定一个比上司和客户所说的截止日期提前一点儿的"自我截止日期"。

你可能会觉得这太勉强了，不过试着去做的话，就会发现很多事都能在截止日期前做完。这样就能在提交之前再检查一次，或是在剩余时间里去做其他的业务。

总是踩着死线的人，会在无意识中浪费时间，被逼到走投无路时才会鼓起干劲加速干活儿。尽管最后总算能赶上，之后也会重复出现同样的情况。

⊙ 日程表要制作出可以纵览一个月的"空白"

也有人会觉得日程本上被预约密密麻麻覆盖住的样子，有一种神秘的充实感吧。

但是，试着留出没有任何预约的"空白的一天"吧。如果发现了未来日程安排上空白的日子，就尽量不把计划放入那天。

首先，通过纵览一整个月，能了解自己的工作倾向，也可以重新审视预约。然后，在确保空白的那一天，可以把平常用细碎的时间不能仔细思考的事情好好考虑，处理一些需要集中精神的工作。

一个月内，如果连一天自由也没有的话，就需要重新考虑一下日程管理了。

⊙ 制订下一年的计划

一年后的事情谁都不知道，所以旅行和游玩的预定就无法在之前决定好——你是这么想的吗？

确实，一年后的事谁也不知道。但是，一旦下定决心去规划一年后的计划，就会带着提前处理工作的心情，向那个方向努力。提前一年预订旅行的话，交通费和旅馆费很多时候都会特别便宜，包括到底该怎么玩，只要决定好日期就能好好做计划了。

在公司里宣布"这一天，我想请假"，然后去做准备工作。这样一来，就能在离那天越来越近的时候，预防出现无论如何都无法休息的情况，甚至演变成不得不取消日程的悲剧。

⊙ 用 "5% 的空余时间" 来做改善

即使总是被工作追赶着，也能够做出改善。首先，舍弃 "被工作撵" 的意识，挤出 "5% 的空余时间"。如果按照工作 8 小时来算的话，那大概就是 25 分钟。

如果处在忙碌中，这可能会是件很困难的事，但如果在早起等方面确保自己的时间，就会觉得自己是工作的主导。然后仔细地思考，脑海中就可能闪现出被工作塞满时没注意到的提高业务效率的方法，就会发现自己也许做了没必要的工作。

为了从艰难现状中迈出一步，5% 的空余时间是很有价值的。

有效利用"早午晚"

⊙ 不管上班时间，自己决定起床时间

每天起床时间，都卡在去公司不会迟到的时间。上班是9点的话，吃过早饭就要乘坐7点50分的交通工具，也就必须在6点半起床……大部分的人，不都是过着这样的早晨吗？

但是，这里需要改变你自己的想法。试着自己来决定起床时间如何？当然，因为不能迟到，所以要早起，但这个时间是你自己决定的自由时间。早上道路和地铁都不拥挤，所以能很轻松地在地铁里读书和学习。换乘也会很顺利，路上花费的时间就能缩短。这样，起床时间的决定权就会从公司回到自己的手上。

⊙ 早起能确保有不被任何人妨碍的"集中时间"

睡过头了猛然起床，草草地吃早饭，在满员的地铁里摇晃，然后踩点冲进公司。一上午整个人都没睡醒，回过神来时已经中午了……如果每天都过这样的日子，那就太可惜了。养成早起的习惯吧。

人的大脑最有效的运转时间是早上醒来之后的 3 个小时。据说由于睡眠，前一天的记忆会被整理好，此时在容易吸收新记忆的基础上，还能发挥出创造性。请不要浪费这个时间。

一开始也许会觉得早起很辛苦，但这样能确保在工作中有集中精力的时间。如果能在上午整理好自己的工作的话，下午就可以和人商谈或是做和朋友一起合作的业务。

世界领先的企业中有很多早起的人。商业人士是否成功就看怎么利用这个"早上时间"，即使这么说也不为过。

⊙ 上班后不要立刻打开电脑

上班后马上打开电脑是绝对要避免的行动。因为启动电脑的话，首先要做的就是检查邮件和阅览网页。于是，或是写着邮件回复，或是一个接一个地浏览相关信息，时间一眨眼就过去了。

为了避免这样的时间损失，上班最初应该做的是制作"TO DO"列表，决定好回家的时间，决定好当天该做的工作的截止时间，这样就不难实现作业的效率化。

⊙ 利用常规习惯进入"工作模式"

上班后要马上切换到"工作模式"，这是提高当天工作效率很重要的第一步。进入"工作模式"的有效手段是类似早起的常规习惯。

常规习惯，是每天必须进行的"自己的规则"。或是在工作开始前做个伸展运动，或者坐在桌子前喝咖啡。选择一个开始工作前做的行为，并且将其习惯化的话，就不会被那一天的情绪所左右，身体会自然地转换到"工作模式"。

⊙ 利用"早上第一封邮件"，把突发性工作变为"预先"

紧急的日程变更或由纠纷产生的突发性的工作，会使原本的工作节奏变快。但是，如果能巧妙地利用"早上第一封邮件"的话，或许就能减少损失。

突发的工作，当然也会有完全无法预料的，但大多数情况是来自那些总觉得会出状况的对象。比如经常推翻原定计划的上司或客户，或是月末时要求帮忙的同事等。

因此当天的"一早起来"，就先发邮件询问"进展如何？""没有问题吗？"之类的话打探一下，先下手为强。如果有麻烦的话对方就会回信告诉你，这样就可以尽早地应对。如果陷于被动的话，就不好渡过难关了。

⊙ 把主要工作在中午之前完成

一整天保持高质量的工作状态是非常困难的。在某个时间点注意力就会被打断。在工作效率下降之前行动，可以说是很现实的对策。这种时候重要的是，决定好在哪个时间段开展这一天的主要工作。

一般来说，从开始工作前到午餐这一段午前时间是工作效率最高的黄金时段。为了在这段时间保持工作高峰状态，要避免踩点上班。在工作开始前完成准备工作，在起跑线上就能保持最好的状态。

⊙ 把一周的工作结束在星期五上午

为了脚踏实地地贯彻计划，养成避免浪费的时间分配习惯，首先来试试在星期五上午就结束掉一周的工作吧。如果这一点可以实现的话，工作时的注意力就会集中，可以防止影响下周的工作。

然后，若是如料想般上午就结束了工作的话，剩下的时间就用来考虑计划吧，这是为了让下周工作更有效率地推进。

除此之外，如果能考虑出让计划制订和工作效率提高的好点子，就能产生提高工作质量，同时促进自己技能提升的良性循环。

⊙ 保证下午注意力集中的短时间"午睡"

午饭后人会发困，容易引出一上午的疲劳感而注意力下降。大家都是同样的状态，办公室的气氛也都懒懒的。如果在这时候想使大脑变得清爽的话，午睡是很有效的。

虽说如此，长时间睡眠却会产生反效果。因为大脑熟睡了的话，睁开眼睛睡意也会持续，反而会更觉得昏沉。

小睡 20 分钟以内，是使大脑恢复精神最适合的时长。

　　在公司午睡也许很难，但是在地铁里和咖啡馆里闭上眼睛，只要反复深呼吸就会有效果。首先试着在自己家里，尝试好好地小睡一下吧。

缩短工作时间的逆向思维

⊙ "有空的时候做就好了" 的工作应该最优先

有时会有被上司嘱托 "在空闲的时候做就行了" 的工作。但是，如果照字面意思来理解而拖延的话，会或是忘记了，或是懒得动手去做。

本来在办公室里就没有所谓空闲的时候，上司说 "空闲的时候"，也只是对部下表示关心而已。如果是正在做紧急的工作的话就另当别论了，但如果不是，不要把上司的话不放在心上，最好优先处理吧。

这不仅仅是为了让上司高兴。如果能早早地完成工作，情绪就会变得高涨，对自己本来的工作也会有更积极的态度。

⊙ 如果规定时间内做不完，就干脆中断

在工作上设定截止日期是非常重要的，但为了工作得有效率，做"决断"也是很重要的。

由于时间分配上的失误，有时会有突发性的工作，或出现缺乏注意力等情况，在自己设定的时间内肯定无法完成工作。虽然也视工作内容而定，但比起无法集中注意力继续拖拖拉拉，抱着"干脆留待第二天再做"的勇气更好。

先睡一晚上，有时会得到更好的成果，所以下决心回家吧，以更灵活的思考方式来组织工作吧。

⊙ 特意在做到一半的时候回家

注意力能维持到何种程度，是一个非常重要的点。有一种掌控注意力的技巧，就是特意在做到一半的时候结束工作。

只要是人，都会想在告一段落的地方结束工作，然后会有一种心情舒畅的感觉，但与此同时，注意力的开关也会被关掉。

于是，特意把做到一半的工作留着而下班的话，由于

"想快点儿把这个做完"的心情作祟，第二天早上也能很快地集中注意力来工作。

⊙ 把握时机，错开人流

和周围人保持相同行为，无论是谁都会有这样的心态，但如果和别人同步行动的话，也可能会造成很大的时间浪费。

比如吃午饭时，如果被允许的话 11 点就出门，这时去有人气的店也不需要排队。

比如把上班的时间提前，在午休时间进行需要认真思考的工作等，避开了人流蜂拥的时间段，因此就能够在没有压力的环境中工作。

⊙ 不要把时间花费在谁做结果都一样的工作上

简单的工作短时间就能做完，重要的工作则必须多花费时间。

不管怎样的工作都应该竭尽全力，不过，以格式化的报价单和合约书的制作为代表，怎么把无论谁做结果都相同的日常工作尽量短时间内做完，这深刻地关系到整体工作效率化的实现。

首先，从重新审视自己手头的工作是不是真的重要开始吧。然后，根据工作的难易度，重新制订工作计划和分配时间，这将使工作成果最大化。

⊙ 不要太拘泥于"优先顺序"

在各种各样的商务书中，有强调展开工作时要考虑"优先顺序"的理论。这作为理论绝不是错误的，但如果过于拘泥这点，反而会导致工作延迟，本末倒置。

实际工作中，总是会发生意想不到的事情。可能会突然发生在考虑优先顺序的时候连想都没想过的问题。在这种情况下，让心情复位，用灵活的思考方式来应对是很重要的。

⊙ 休息日要和工作日保持相同的时间周期

也许有人很喜欢在休息日睡懒觉，但是，用和工作日一样的节奏来度过怎么样呢？若是一起来就已经快到中午，那难得的休息日就这么结束了。

虽然有补觉这么一说，但这其实对身体没有任何好处，多余的睡眠反而会打乱生活的节奏，还需要花费时间恢复。假日睡一个让自己放松的懒觉就好，要是到无法起床的程度，那可能是因为工作日睡眠不足而让疲劳累积了，全面调整一下生活模式吧。

休息日也能保持与工作日一样的时间周期，这样比起简单地切换生活模式更能产生活力。

第二章

社会人必须具备的
工作时间缩短术

⧗ 改善不想开始工作的心情

⊙ 即便是讨厌的工作，也要先下手

对困难的工作和麻烦的工作，会不知不觉地往后拖。而且，想着"要是不做就会……"的话，就会堆积压力而越来越讨厌那项工作了。

为了进行讨厌的工作，就下定决心"总之只做10分钟"，首先要下手。最开始只做"收集资料""制作格式"等这样细分后的简单工作就好了。实际试着做起来后，马上就会度过10分钟而变得想继续，会觉得比想象中进展得顺利。第二天也试着"只做10分钟"，并对坚持下去的自己给予鼓励，渐渐地就会淡化讨厌的意识，不久就会干得起劲儿，直到完成工作。

即使把工作放着不管，最后还是必须得做。因不想做而烦恼的时间就只有不愉快而已，所以即便只是一点点，也要去做。

⊙ 不要把什么都当作正式的，要设置"体验期"

人人会有因为害怕失败而犹豫不决，或是把应该做的工作拖延到后面的时候吧。特别是在做没有经验的工作时，就会出现这种心情吧。

那样的话，给自己设定一个"体验期"就好了。邮购商品和健身房办卡之类的，经常会有"体验期"。人们听说有"体验期"，就可以轻松地行动起来，想要去购买或是去尝试。

请想象自己的行动也有"体验期"，那么对失败的恐惧心就会减淡。如果想到什么事都不可能从一开始就很顺利的话，就能摆脱肩膀上的重负了，也会向周围的人寻求意见，听取有经验的人的建议而变得从容起来。

⊙ 通过给自己"奖励"来提高干劲

不知为什么，就是提不起干劲。既不是很累又不是干着讨厌的工作，那是怎么回事呢？这种时候，若是给自己准备"奖励"，就会提升干劲。

奖励什么是因人而异的。"去喝酒""去吃喜欢的东西""去买想要的东西"等，达到"就当给自己点儿零花钱"的程度就足够了。如果想着"这项工作结束了，就可以做那个"的话，就能让自己振奋起来，从而产生干劲。不需要做什么准备，只是考虑着该奖励自己点儿什么就会很开心。如果这样让心情保持张弛有度的话，就能保持脚踏实地的状态，从而提高工作效率。

⊙ "分割"大任务，降低难度

对于费时间、精力的大任务，在着手之前就会感到很沉重，会不自觉地往后拖，而优先去做轻松的工作，这很有可能会产生延误的情况。

把任务分割一下就容易着手了。先粗略地看一下整体情况，如果细分成一个一个小任务的话，在完成之前就不会觉得那么辛苦了。首先怀着试着做一下的心情就好，在结束掉一个小任务后，会觉得自己也不是处理不了，这样心理上的难度就会下降。

在分割工作的过程中能了解到整体情况，也能了解到关键点，之后只需耐心地处理每一个任务，最后再整合成一个大任务就行了。

⊙ 比起大目标，先要努力完成"小目标"

"想成为社长""想创立海外分公司"等远大的目标，会成为每天工作的动力。但是，难道这不是只确定了目标就感到满足，而忘记了为实现目标而努力吗？

首先，要详细地列出以周为单位、以月为单位的小目标，将这些目标完成而集大成的话就能实现大目标了。小目标是凭借自己的实力，努力就能实现的，一个一个地完成下去吧。如果不能完成的话，就要考虑是什么原因造成的，然后做出改善；如果持续失败的话，就要重新审视确定的整个目标。

通过完成小目标就能发觉自己在成长，也能知道自己将大目标推进到哪个阶段了，这样就可以长时间地保持干劲。

⊙ 把工作分解成"完成型工作"和"创造型工作"

把自己的工作分解成"完成型工作"和"创造型工作"两部分的话，就容易实现效率化。所谓"完成型工作"，是以电子邮件或实物邮件的收发、收据和文件的整理等为主的工作，虽然花费一定的时间，但不需要深思。与此相对的，"创造型工作"是考虑新的企划之类的，需要集中注意力才能完成并产生价值的工作。

对于"完成型工作"，如果熟悉了的话就可以干得很快，利用碎片时间就可以妥当地处理。而"创造型工作"，需要在自己注意力最集中的时间去做，这直接关系到最后的工作成果。

通过掌握这两种工作的平衡，就能聪明地推进整个进程。

⊙ 与过去的自己比较，从而提高动力

同事又取得了好的业绩，自己却完全不行。持续这种状态的话，会因失去干劲而使诸事退步，认为自己干什么都不行。

要比较的话，对象不应该是他人，而应该是过去的自己。刚进公司时，明明是连接个电话都接不好，要受前辈批评的人，现在却已经驾轻就熟；去年使用得很吃力的新软件，现在也能操作自如了……

如果一味地和别人做比较的话，就会忘记自己的成长和进步，连本来拥有的实力也无法发挥出来。通过正确地评价自己来提高动力吧。

⊙"小小的成功体验"，能让人重新确认努力的重要性

在无法相信自己的努力有意义时，通过积累"小小的成功体验"能够再次提升动力。

实现小小的成功体验的重点是，挑战时间短并且容易有结果的东西。比如说，"比平时早一点儿上班，开始工作""在会议上做出发言"这种程度的就可以。

重复体验这些小小的努力带来的成果，将恢复我们对努力的信赖。如果以后一点点地提高挑战难度的话，那这份努力一定会导向更大的成功。

⊙ 不随波逐流，坚守属于自己的"胜利模式"

只是听说会调来一个新上司，就立刻感觉心情灰暗……如果对自己没有自信的话，对待一切的态度就都会消极。但如果找到自己的胜利模式的话，就可以消除这样的烦恼。

无论是谁，都会有某种成功体验。说是成功，也没必要做得多华丽。被人感谢，或交到朋友之类的，也算成功体验。那时候的自己，或是爽快地帮助了别人，或者和人推心置腹地聊天，那就是你的胜利模式。胜利模式，换言之也就是长处和优势。

不要和周围的人做比较，而是要坚守自己的胜利模式，这样就能够保持自信了。

⊙ 不是"做不做得到"，而是"做还是不做"

虽然在开展工作的时候，考虑结果来行动是很重要的，但如果只注意结果的话，就无法再展开任何行动了。

不管什么事，如果不先去做的话，就不能判断未来。也就是说，比起"能不能做到"，"做不做"是更重要的。

　　首先，要迈出第一步。如果犹豫不决地停滞在原地，就只不过是度过没有意义的时间而已。

　　就商业场合来说，比起被毫无根据的不安所束缚，还是抱着毫无根据的自信前进更为有效。

"不做""拒绝做"的作用

⊙ 舍弃"最有效"以外的选择

在商务场合持有多种选择，不会有太好的效果。总之，仅仅追求"量"，最终包揽了过多不必要的事，就会导致行动变得缓慢。

为了使行动迅速，必须有舍弃"最有效"以外的选择的觉悟。

彻底地坚守"质"，才能够顺利地行动起来。不只如此，因为能够专注地把自己的知识和技能投入其中，短时间内也能够取得重大的成果。

⊙ 立即决定"保留意见"

能够瞬间决定"做"还是"不做"，在商务场合中是非常重要的。

但是，如果在犹豫不决的时候，立即决定对下决定一事"保留意见"，将其从讨论列表中删除，也可以说是同样重要的事。

最不好的情况就是做不出选择。以模棱两可的状态拖延的话，只会心情急躁，可能对工作造成不利的影响。也就是说，真正重要的不是决定"做"还是"不做"，而是下决断把讨论列表清空。

⊙ 工作日聚会不出席"二次会"

公司的聚会上，如果习惯性地有第二场的话，不要顺从于那个习惯。开心的话还好，但很多时候第二场时大家都已经喝醉了，无法正常交流了。

特别是工作日的聚会，或是宿醉未醒，或是睡眠不足，对第二天的工作很容易造成影响。

工作上的聚会，作为工作的润滑油绝对不是不好的。

尽管如此，也应该只简单地参加第一场，第二场还是拒绝比较好。

在第一场的店前逗留时，趁着大家交流"去第二场怎么玩？"之类的时候，悄悄地逃跑吧。如果不想被人觉得这样做没礼貌的话，就说些"已经喝了很多""家远要没有车了"之类的话，会显得比较圆融。

⊙ 不要"谢绝"做年会主持人，而是要发表"毕业宣言"

每年都做年会主持人之类与本来业务不相关的工作，虽然感觉担任是理所当然的事，但这样的工作在忙碌的时期会占用很多时间，会想拒绝……

委婉拒绝的话，有"谢绝"这一招，但更好的办法是"毕业"。电视节目替换主持人的时候经常使用这种方法，大家应该都听过。

因为主持人这个角色很适合新人和年轻人，所以说"想让给新人"的话，周围的人也能理解吧。

但是，即便是担任主持人，也不要忘记是被人信赖才能担任的。如果大家认为你做得不周到或不细致的话，那么下一年就会换其他人来担任了吧。

忘记"为什么这事老找自己"的不满，怀着圆满的心情退出吧。

⊙ 丢弃"以防万一"或"总之"

一次可以完成的事一次做完，这是提高速度的总原则。这时的禁语是"以防万一"这句话。使用这个前言的话，很可能增加没必要的工作，所以请平时就注意不要使用这句话。

另外，也应该停止使用"总之"这个词。工作的时候要认真地考虑投资效果，也就是绝不做一点儿浪费的事情。不要拘泥于惯例，认真地考虑时间投入和与之相应的效果来采取行动吧。

⊙ 不要过多地增加"想做的事情"

有上进心，总是保持积极向上的状态是很重要的，但如果有太多"想做的事"的话，结果就什么都做不到了，所以要引起注意。

虽然能理解想做尽可能多的事情的心情，但如果考虑到时间的限制，实际所能做的事是有限的。

那么，比起增加了多项选择而无法行动，不如决定"不做"的事情，增加实际能做的事情才是明智的。

⊙ 不用复印纸的"背面"打印

经常会有人提倡节省经费，使用复印纸的背面进行再打印。确实，公司内部文件的话即使使用背面纸也可以，似乎比起使用新纸要更好。

但是，实际上，使用背面纸印刷并不能节省经费，反而经常会导致经费和时间的浪费。

背面纸在复印机和打印机中常引起卡纸。即使把卡住的纸取出来，也会在机器中留下细小碎屑，导致机器故障。如果让委托公司来修理的话，就会产生远大于买复印纸的费用，导致本末倒置，而且在此期间也不能使用复印机。

因此，彻底地丢弃用过的复印纸，不用背面纸复印能同时节约经费和时间。

⊙ "拒绝" 时不要犹豫

作为公司组织中的一员，很难去拒绝别人说的话。上司和客户当然不用说，连同事和后辈的请求都难以拒绝。

但是，如果在不了解的情况下被卷入紧急工作的话，要毫不犹豫地拒绝。要把拒绝的理由简洁、认真地表达出来，如果可以的话，就用"虽然很想回应大家的期待，但是没办法"这样的说法。即使对方觉得不舒服，也要考虑到对方早晚会理解的。另外，要拒绝的话，尽早地表明是很重要的，如果采取"我知道了"的态度，之后再拒绝是最糟糕的。

如果能很好地拒绝别人的话，作为一名社会人就可以独当一面了，如果不会拒绝的话，无论任何人拜托的事都去做，也会变成一个一事无成的人。

⊙ 推销电话直接挂断

无论是在职场还是在家，都会遇上销售电话。即使是不小心接听了，也不用一直配合推销谈话，不必多言，直接挂断就好。

如果觉得这样不好的话，只说"我不需要"然后放下话筒就可以了。即使对方说了些什么，也不用担心——与其和不会去买的人聊而花费时间，不如赶快打下一个电话，对方才能提高销售成绩。

另外，也有些公司是以打了几通电话来作为评判标准的。如果不想浪费彼此时间的话，就可以轻松地切断了。

⊙ 如果想不明白的话，与其烦恼不如直接问别人

如果工作中有不明白的地方，首先要自己思考。如果还是不明白的话，最好早点儿询问别人。

在公司里，有人会掌握各种各样的特殊技术，像是电脑操作、办公设备的处理、接待很难相处的上司的办法之类的，向了解这方面的人咨询，就能很容易地解决。

即便是一项整体工作，如果向前辈或有相似工作经验的人请教的话，很多时候也能不浪费时间地做好。而且，你向对方求教的姿态，也会让对方想向你伸出援手。

常有人会认为向部下或后辈咨询是一种耻辱。这种人的想法太过僵化了，在工作进度慢的同时也无法提高自己的能力。

⊙ 放弃无用的"去健身房锻炼"

为了锻炼身体而去健身房的人，试着考虑一下是否真的有必要。如果能在健身房愉快地恢复精神的话还好，但实际上有时去健身房是一种负担。

在忙碌的间隙到健身房去，要换衣服做运动。因为出了很多汗，洗完澡后要再换衣服然后回家。在夏季，到家之前又会出汗。光做这些就至少需要 3 个小时吧。很多人去健身房可能是为了显得都市化、时尚，也有为了把卡费赚回来才去的吧。

如果想锻炼身体的话，可以慢跑，或者不坐公交车，选择步行，有很多方法。用去健身房的时间也可以做很多其他的事情。

⊙ 不把工作模式带回自己家

要避免带着工作中的心情回到家里。尤其是在工作中遇到麻烦或瓶颈的时候，会被负面的感情所束缚，不注意的话，就会带着那种压力回家，第二天早上又带着压力继续上班。

想转换心情的时候，建议不从公司马上回自己家，而是去看电影，或者顺便去个书店、咖啡店，氛围好的餐厅也是可以的。置身于舒适的环境中，可以脱离职场，变换心情。另外，如果在自己家里没事情做的话，脑海中就会产生多余的情绪，所以要好好地学习，做感兴趣的事或是照顾宠物等，度过自己独有的时间。

⊙ 切断"IT 噪声"，提高集中力

在连接到网络的电脑中，经常会出现以垃圾邮件为代表的没用的邮件，在网上搜索时会出现不需要的信息等这类"IT 噪声"。这样的"IT 噪声"会扰乱注意力，使工作效率降低，所以无论如何，切断"IT 噪声"是很重要的。

就邮件而言，一定要使用邮件软件的过滤器功能，把不需要的邮件进行自动分类。并且，想要完全切断不需要的网络信息时，也可以使用不连接网络的笔记本电脑来工作。

⊙ "拿出真干劲就会更好"并不是免罪符

工作的时候，会有不顺利或失败的情况。这时候，不

要想着"我要是拿出真干劲的话会更好"并把这当作自己的免罪符。

如果认为"自己没有拿出真本事",自尊心可能会得到保护,但是那种自尊心不是真的。糊弄自己,是无法提高实力的,只是在白白浪费时间而已。

相对地,如果认为自己尽全力努力去做却不顺利的话,就会感到非常悔恨,陷入困境。但是,如果稍微地分析一下自己到底缺少了什么,弄清失败的原因,应该就能再次燃起挑战的斗志。

真正努力之后的失败,会成为成长的力量。

防止浪费，提高效率

⊙ 把谁都能做的工作交给别人

工作太多难以推进，好像只有自己这么忙……这种情况下，要给工作"瘦身"。

要一个一个地重新审视，如果是"即使不是自己也能做的工作"，就有必要交给别人。工作刚开始的时候自己全权处理，之后就成了例行工作，毫无波澜地顺利进行着——这样的工作可以分配给任何人。如果有后辈或下属的话，就放心地交出去吧，这样后辈也会有所成长。

把持着大量工作的人，不仅不会被周围的人感谢，反而因为你一个人什么都要做，导致业务停滞，让人感到困扰。要时不时地重新审视一下自己的工作方式。

⊙ 初次做的工作要听取上司和前辈的建议

为了提高工作质量，要有效地利用上司和前辈的建议。特别是在做没有经验的工作的情况下，想着用自己的力量解决，重复进行效率很低的工作不是个聪明的选择。把重点放在建议上，有效率地进行工作，就能切实地创造出很好的成果。

但是，如果遵从所有的意见就无法进步了。把建议作为参考，从而创造出新的价值，提高自己的工作质量吧。

⊙ 暧昧的"尽快"会阻碍工作的效率化

上司说"把这个尽快做完"，被这样委派过工作吧？把当时紧急的工作中断，拼命地尽快完成了的那项工作，却被上司在桌上放置了一周……

会生气也是理所当然的，这是因为使用"尽快"这样暧昧的语言是不好的。如果被交代"尽快"的话，就提出"好的，什么时候要呢？""比起报价书，要先做这个吗？"

之类更清楚的问题。只是确认一下截止日期，请不要不好意思问。

"尽快"这样的词语，会阻碍工作的效率化。对同事和后辈有什么请求的时候，还请不要使用。

⊙ 需要拜托他人的工作要事先"计划"

工作的时候，很多情况下不是自己的工作完成了就完了，而是要将工作交给负责下一步工序的人。

这时，为了让继续工作的人容易上手，先考虑好"计划"再进行工作，最终就能够迅速地完成整项工作了。

特别重要的是工作时间，只图自己方便来消磨时间的话，继续工作的人的工作时间就会变短，最坏的情况是赶不上工期了。为了避免这样的事，时常考虑着对方的情况来制订计划，可以说是很重要的。

⊙ 在关键时刻确认"为了什么？"

如果忘记工作的目的而行动的话，不仅效率会非常低，也会导致预期之外的结果。与之相比，在工作的节骨眼儿，养成确认"为了什么？"的习惯，那么浪费的想法和行为就会变得非常少。

在商务方面，希望你能铭记在心的是，拥有良好的目的意识，是成功的关键。

同样，以提高技能为目标，掌握知识和技术的时候，也要经常考虑到使用的目的和场合。如果使用错了场合，那就白搭了，所以平时就要注意。

⊙ 使用计算器不为人知的技巧

使用计算器计算的时候，利用不为人知的"方便功能"，可以省去无用的工作。

首先，如果计算错了，就会下意识地按 [AC] 键[1]，但这样的话，所有的计算都会被清除，所以效率很低。如果只是取消之前输入的数值，那么按下 [CE] 键就好。

计算器上有一个带有 [▶] 标记的按钮[2]。这个按钮和电脑的删除键有着相同的作用。因为可以把错误的数字一个一个地删除，所以要根据情况来区分使用。

---

[1] 在有些计算器上标为 [C] 键。（编者注，后同）
[2] 在有些计算器上标为 [→] 键。

除此之外，还有输入数值后按下 [+/−] 键 ① 来替换正负数、只输入 ".8" 也能显示为 "0.8" 这样的小窍门。

⊙ 对寄信两次及以上的对象，使用"收件人标签"

对于信封上的收件人，需要很细心地核对，不要写错地址、公司名、头衔、姓名等。

这时，如果是对于寄信两次及以上的对象，就应该制作"收件人标签"。制作的时候会花费一些时间和精力，但最终核算成本还是合适的。

另外，收件人标签，只限定于发送申请书和报价单等格式化文件的情况下使用。在发送感谢信或道歉信时要避免使用，还是认真地手写在信封上为好。

⊙ 乘电梯时，比起"层数"要先按"闭合"

乘电梯时，要想更快到达目的地，比起"层数"要先按"闭合"按钮。即使先按了"层数"按钮，电梯也不会动，但是如果按下"闭合"按钮的话，门就会开始

---

① 在有些计算器上标为 [±] 键。

关闭，这期间再去按下"层数"按钮。希望大家平时就注意这点。

这样缩短的时间可能只有几秒，但是，在日常生活中经常想着"怎样工作最适合"来磨炼自己，到了关键时刻判断也会变得敏锐。每天的积累是非常重要的。

⊙ 预先把会面的邮件和地图打印出来

拜访客户的时候，会预先把会面地图和联系方式等记在脑海中，然后早早地出门用智能手机查看吧？但是，如果实际出门的话，中途就必须要确认好几次，花费时间会比预计的要长。

在外出前，要把会面的时间和地图，以及记录了负责人的姓名、部门、位于哪个楼层、联系方式等信息的邮件提前打印出来，和当天需要用的文件整合在一起。

你可能会觉得没必要特意去打印，但这样会节省一遍遍查找邮件的时间，经常过目也可以防止出现错误。打印这种复古的方式这时候也能派上不小的用场。

⊙ 预约餐厅，不要预约"整点时间"

根据商谈的流程，需要在餐厅预约晚餐。但如果在门口等位，好不容易有了座位后，点菜和上菜又都会很迟，难得的会餐就会以尴尬的气氛开场……想必大家都有过这样的经历吧？

如果想顺利地进店的话，就要避开 6 点或 7 点这样的整点，错开 15 分钟左右来预约就可以了。整点时也会有其他的预约的客人，所以经常会和很多人挤在一起。店里的人急急忙忙地往来，厨房的订单又蜂拥而至，必然会慢。

虽说仅仅是 15 分钟，但稍微错开时间的话，因为拥挤的高峰已经过了，整个店就会稳定下来。顺便说一句，如果以"为什么会预约了这么个半当腰的时间？"开始话题的话，谈话也能变得活跃起来。

⊙ 不"重新誊写"，一次完成

商谈或接电话时做的笔记、会议记录等会书写得很潦草，很多时候都想着"之后再改，重新誊写吧"。但是，是不是有时候挤不出那个"之后"的时间，结果就那样放着了呢？

在商务场合，还是不要想着能留有富余的时间为好。另外，如果存有重新誊写的想法，就会对当时的听写采取轻视的态度。本来做笔记后抄写就是重复的工作，如果能一次就做完的话，就不用花费多余的时间了。

做笔记的时候就怀着"让任何人都能立刻看明白，可以直接把会议记录呈交给上司"这样的心情来书写吧。

⊙ **商务服装的搭配要模式化**

即便是上班前繁忙的时间段，因为决定不好当天的服装而耽误时间的经历，想必谁都至少会有一次吧。

这里要推荐的解决这种烦恼的办法是搭配的模式化。

聚餐日或接待日的服装、办公室业务集中的日子的服装、发表演讲的日子的"决胜服装"等，如上所说，事前考虑好各种商务场合最适合的搭配，然后重复这种穿法是最有效率的办法。

⊙ 免熨烫衬衫将人从熨烫中解放出来

穿上用熨斗熨烫得平整的衬衫，开展工作的情绪也会高涨。但是，熨烫白衬衫是连经验老到的主妇也要哀叹的困难工作，自己来做更是难上加难。但是一件一件送洗衣店的话既麻烦又浪费钱。

把人从这种烦恼中解放出来的，是免熨烫的形态稳定的衬衫。

虽然曾经的免熨烫衬衫外观和体感都被说一般般，但最近也增加了质感好的和100%纯棉的款式，尺寸和设计也都很丰富。而且因为洗了之后干得很快，所以轮换着穿也很容易。天天都穿的白衬衫，即便没时间打理，也能穿得很漂亮。

⊙ 避免在每月25日使用ATM，而应该在24日使用①

希望大家在使用银行的ATM时，避开25日而选择

---

① 此条针对日本国情，读者可结合自身实际情况，错开使用ATM的高峰。

24 日。

因为，有很多公司都选择在 25 日进行工资转账，这天银行就会比平常要拥挤。在 24 日一早就去的话，就可以不用排队舒适地使用了。

另外，时间段也分很拥挤的和没那么拥挤的。比如去 ATM 的话要避开午休时段，去看电影的话要避免选在午后最早的那场。行动错开高峰期，就能获得舒适的日常生活体验。

⊙ "站着工作" 处理能力会上升

工作的处理能力，偏偏在不太舒服的情况下能够提高。其中的一个方法就是 "站着工作"。

实际上，坐在椅子上工作很容易让人陷入沉思，也经常导致会谈延长。特意 "站着工作" 的话，因为这个姿势很难受，为了早点儿结束工作，处理能力就会自然地提高。

会谈之类的事，站着的话，应该也会进展得更迅速。

⊙ 把步幅增加 10 厘米来走路

虽然没有机会看到自己走路的样子，但还是要试着问一下亲近的人，自己走路是不是没干劲地趿拉着步子。如果走路无精打采的话，就把步幅增加 10 厘米，这样看起来的形态和感觉都会不同。

如果步幅扩大的话，走路的速度当然就会变快，能更快地到达目的地。这样的话，就不会让人觉得你没干劲或急急忙忙的。自然地采取正确的姿势走路，对健康也有好处，能给周围的人带来明朗积极的印象。走路的方式是所有行为方式的基础。扩大步幅的话，速度和干劲都会提高。

⊙ 试着计算自己的时薪是多少

"虽然在学生时代打工的时候知道自己的时薪，但成了社会人以后就再也不知道了。只知道月薪和年总收入。"大部分的人都是这样的吧。那么，就试着计算一下自己的时薪吧。

粗略地计算一下，年收入 300 万日元的人，每年算上加班在内要工作 2500 小时的话，每一小时大概赚 1200 日元。

如果是年收入 600 万日元的人，每小时就赚 2400 日元。如果算上公司支付的社会保险费等，会增加更多的金额。

如果知道自己每一小时的价值，就能知道时间是多么珍贵了。

⊙ 即便花钱也要买时间

"如果有时间的话，就能做这个和那个了。"发出这样感慨的人很多吧。但是，一天对谁来说都是 24 小时，在这之中如何挤出自己的时间，如何使用时间，这才是问题所在。而且，时间是可以拿钱买到的。

赶路的时候，如果乘坐公交车到目的地必须换乘好几次线路，那改坐出租车怎么样呢？

即使是私人场合，也会有很多种选择，如觉得洗衣服做熨烫很浪费时间而改去洗衣店，或是觉得做饭之后还要收拾很麻烦就改去外面吃饭等。虽然每一项所节省的时间很短，但是集合起来就会很长。

但是，如果无谓地度过了节省出来的时间，就会变成只是花了钱而已，所以需要注意。

通过不犯错来防止时间损失

⊙ 日常工作中使用检查列表来防止犯错

明明是自己做的工作，却总是意想不到地犯错误。对于做过很多次的业务，要做好检查列表，不要放过习惯性的错误。

顺着业务流程列出需要检查的项目，试着从实际工作的开头检查到结尾，检查有没有错误和遗漏之处。制作这个检查列表本身就是对工作的重新评估，可能会发现没必要再检查的项目。

另外，如果因为突然外出等情况而离开办公室的话，有这个检查列表，就可以委托第三方代理业务。

正因为是做过很多次的业务，所以希望大家能不失误、不拖延地顺利完成。

⊙ 消灭会产生错误和纠纷的暧昧用语

在追求准确的商务场景中，"暧昧用语"会直接导致错误和纠纷。特别是被称为三大"暧昧用语"的主观表达、指示性语言（指示语）、委婉的表达，是绝对要避免的。

首先，要避免"多""早"这样的主观表达，而使用具体的数字来表达。

接着是"这个""那个"这种"指示性"语言，在有些场合会被理解为多个意思。即使麻烦也请用具体的语言来表达。

最后，为了给人留下柔和的印象而使用的委婉表达方式，很容易造成误解，所以明确传达事项是铁则。

⊙ 绝不能忘记的事情写到便签上贴在手机上

现在，手机是比笔记本和钱包还重要的必需品。

因此，对于绝对不能忘记的事情，就特意把它写到便签上，将便签贴在手机上好了。记事本、笔记、手机的日程表功能虽然也很方便，但如果是便签的话，不管怎样都不会忘记，所以能很安心。并且，如果配合闹铃功能使用的话，就会被强制地意识到粘贴在手机上的便签，因此能够更高概率地防止遗忘。

⊙ 使用荧光笔来防止文件的错误使用

作为商务上可靠助手的工具有很多，荧光笔也是其中之一。说到荧光笔，很多人都有在做标记时使用过的印象吧。但是，荧光笔不只可以在重要的部分画线，还有大家不了解的用法。

如果有那种格式固定、需要经常使用的文件，把原件放在手边，需要时复印一下，就不用一次一次花时间打印了。但是，如果不小心写在原件上或使用了的话，就要重新制作原件。

因此，在原件上用黄色的荧光笔写上"原件"两个字就好了。黄色荧光笔浓度正常的话，是复印不出来的，无论是复印还是传真，都能以完好的状态传达给对方。黄色荧光笔迹无法被复印出来这个属性，大家记住就好。

⊙ 中途做经过报告能提高完成度

不管对方是上司还是客户，都不能省略工作过程中的经过报告。即使是进展顺利、觉得很完美的工作，也要慎重考虑。

工作最初的指示可能会很暧昧，对方所需求的方向性可能会不清楚。由于交流上的分歧，可能会导致其中一方的意图没能很好地传达给另一方。

而一旦进入报告这个阶段的话，就要一边让对方看着一边进行工作，这样即使有修改或发生纠纷，也能迅速应对。制作报告需要时间和精力，就结果而言却是完成工作的捷径。

⊙ 走到邮筒之前都用手拿着邮件，就不会忘记

想着出外勤的时候顺便把邮件投出，就放进包里出了公司，但是就那么完全忘了，一直带了好几天。大家有没有过这种失败的经历呢？如果这是份紧急文件的话，那就不得了了。

预防对策很简单，用手拿着邮件一直走到邮筒边就可

以了。因为放在包里，所以才会忘记；用手拿着的话就会一直有意识，所以忘不了。如果担心下雨或是把信封弄脏的话，就放在透明文件夹中。

但是，如果不是带套子的文件的话会有掉落的危险，所以要注意。

⊙ 将"在意的事"全部写出来，将头脑放空

工作上忙得没时间的时候，有一个自我管理的办法，希望你能尝试。做法是让头脑放空，对公事和私事不做区别，只是把"在意的事"全部写在纸上。

然后，把在纸上写的事情按"采取行动""还未能采取行动"来分类。并且，在"采取行动"的类目中，以"能马上做"和"不能马上做"再次进行分类，从能做的事开始执行就可以了。

另外，划分到"还未能采取行动"的事，可以再分成"当作资料保存起来"和"不知什么时候就能做"两类。把不需要再用的文件扔到垃圾箱里吧。

⊙ 视线集中在一点上，集中注意力

集中注意力，只要知道窍门谁都能做到。最重要的是视线的固定。因为人的信息收集有八成依赖于视觉，所以视线不固定的话就不能集中注意力。注视着一点，如果在眼睛聚焦的状态下行动的话，注意力自然就集中了。

比如，如果手上有黑痣的话，那就盯着它看 20 秒好了。或者，在贴纸上画一个点贴在电脑的画面边上，凝视着那个点，就能够在注意力集中的状态下开始工作了。

⊙ 行为模式的仪式化有助于集中注意力

在运动员中，有人认为比赛前的饭菜一定要采用同样的菜单，进入击球区时一定要从左脚开始等，有这样固定的行动模式。这不是单纯的图个吉利。通过仪式化的行为模式来平复心情，能够集中注意力。

在商务场合也是一样的。在着手工作之前，或是整理桌面，或是重新检查日程，可以防止失误，可谓一石二鸟。在办公室里踱步、去厕所里洗脸、去拿文件等也很有效果。

所谓仪式化，只是日常的简单行为就好。有意识地进行这件事，对工作的意识也会为之一新。

⊙ 工作停滞不前就离开桌子，恢复精神

工作的时候，有时会停滞不前，工作效率下降。这种情况下，不要固执地抱着桌子，而要站起来在周围转一转，换一下心情就好了。

散步是很好的恢复精神的办法，活动全身，大脑就会再次活跃，能够恢复工作的节奏。如果不想被认为是偷懒的话，就去厕所里洗个脸，或是假装去复印就可以了。即使只是一点点的动作，也有切断沉闷心情的效果。

不过，在转换场所的过程中，有时会想偷懒。如果10分钟能恢复精神的话，就设定为10分钟，然后就回到桌子边吧。

短时间内出效果的学习法

⊙ 要学习，就读 3 本简单的入门书

刚开始学习什么的时候，上来就读专业书的话，受挫的可能性很高。为了避免这样的风险，首先从 3 本简单的入门书开始读就好了。

那么，为什么要说是 3 本呢，因为从多个角度的视野来了解的话，能防止在学习原理、原则上有偏颇的认识。然后，从入门书中列出的参考文献处，过渡到知识更专业的书籍中，这样学习进步的效率会更高。

⊙ 要学习的话，参考书和笔记本只各买一本

"入门书读完了。来,正式开始学习吧!"这么想的话,就会不由得干劲十足地买很多参考书。然后,当学习没有如预想一般进展顺利时,就会想再买别的参考书。但是,请等一会儿。参考书只用一本才是学习的秘诀。

有好几本参考书的话,就会一会儿打开这本翻翻,一会儿又在另一本里写写画画,知识和信息都会出现断裂。比起这样,把一本参考书多读几遍,会重复看到同样的信息,就很容易记住,"这里记得,这里还没记住"就会很清楚。

笔记本也是一样,有好几本笔记的话就会不知道在哪处写了些什么,对自己学习的进度也会意识不清。买了很多参考书和笔记本的人,需要分别挑选一本适合自己的,然后把其他的封起来。

⊙ 提高技能的学习一天进行 3 分钟也好，要每天都坚持

"虽然想开始学习英语会话或准备资格考试,但每天的工作都很忙,没有时间,等到周末再集中好好学习就行了。"这样想结果却受挫的人有很多吧。学习是每天都要坚持的。

即使只断了一天，前一天的记忆也会消失，也会失去干劲。

为了能坚持，把最初的难度设定得很低是诀窍。一天3分钟也可以，打开教科书只要看一眼也算是对前一天的复习。不管是多么忙的日子，只要能找出3分钟的间隙，就可以用来学习了。然后一打开教科书，就会自然而然地学习5分钟或10分钟。

⊙ 短时高效的学习法：“朗读”法

有一种在短时间内能取得很大效果的学习法，就是将想记住的内容发出声音来阅读的“朗读”法。说起朗读，感觉像小孩子一样，许多年都没做过了，可能会觉得有些害羞，但请一定要试一下。

外语的话，把参考书的例句拿出来朗读，可以一次就把语法、发音、意义都学会；在资格考试的学习等方面，把问题和答案读出来的话，就能让大脑、嘴和耳朵联动起来，更容易记忆。可以一边考虑一个句子的意思，一边清晰地朗读出来。

首先试着在自己的房间里朗读，习惯了的话在家里也可以利用碎片时间。因为不需要笔和桌子，无论什么时候都能做到。

⊙ 把入浴时间变成开发创意和学习的时间

每天的入浴时间是最适合思考、学习和读书的时间。读读世界上的伟人传，就知道很多学者和发明家都是在洗澡、吃饭、散步的时候浮现出好想法的。长时间以来一直在想也没能想到的事情，可能会因为偶然的原因而突然闪现。

这在处理商务事务时也可以应用。坐在桌子后无论怎么想都想不出好点子时，就可以洗澡，或是小幅度地活动活动身体。身体放松了，大脑的运转就会变得活跃，新想法就会被催生出来。

另外，一边洗澡一边学习或读书的话，会觉得意外的顺利。如果担心弄湿手机或书本的话，以智能手机的防水袋为代表，有各种各样的防水商品销售，尝试一下也不错。

⊙ 把记住的事情跟人说一遍就"固定"下来了

以人的名字和工作手册为代表，工作上有很多应该记住的东西。虽然记下来很辛苦，但把学习成果和谁说一遍的话，记忆就容易固定下来。

在记忆什么的时候，首先要用眼睛看，用耳朵听来学习。这是知识和信息的输入。把记住的事情告诉别人则是输出。

输出的话，大脑要对知识和信息进行整理，然后反复这个过程，这就是记忆的强化。而跟人说话的时候会动嘴发出声音。这刺激了身体的感觉，所以会更加容易记住。

这种方法在语言学习上尤其有效果。让我们在朋友和家人的配合下，慢慢地开始说吧。

⊙ 为了防止学习热情燃烧殆尽，一点点提高速度

在学习的过程中，最初的热情会变得淡薄。有点儿忙的时候，就偷懒地想"平时再努力就好了""马上就又可以开始了"，就这样燃烧殆尽的话太可惜了。为了防止这一点，第一次以慢速开始，一点点加快节奏就好了。

比如说第一天只读一本参考书的 3 页。然后随着理解的增进，以一天增加到 5 页、7 页的速度提高。

如果感觉千篇一律了，就试着重读参考书的开头。于是，就会觉得刚开始学习时感觉很难的内容现在感觉很简单。获取到这种成就感的话，热情就不会减退，并能产生

新的学习动力。

⊙ 不拘泥于自己的风格，汲取优秀者的优点

虽然每个人都有自己的工作风格，但有时模仿别人也是很重要的。特别是在工作方面，汲取工作优秀者的优点，可以说是提高技能的最佳捷径。

做参考的时候，把自己工作中不顺利的部分，和擅长这项工作的人的操作进行比较，试着实际上手去模仿是关键。参考对象不一定是同一家公司的，即使是其他公司的人也没关系，但最好是同行业的人。

⊙ 在地铁内阅读书籍或报纸等知识媒体

乘坐地铁等交通工具时，可以做一点儿工作来有效地利用这段时间，特别是当路程在 15 分钟以上的时候，一定要避免去查看社交网络等虚度时间。

原则上，如果路上时间较长，要把时间花费在提高自身价值上。通过阅读书本和报纸等这些不花时间就无法获取新发现的媒体，可以在工作中寻找到成长的契机。

⊙ 乘坐新干线，不坐"希望号"，而坐"光号"①

乘坐新干线出行，速度会很快。但是，也有人不坐速度快的"希望号"，而硬要坐慢一点儿的"光号"。这是为什么呢？

在移动的列车中，因为不会被上司和同事干扰，所以工作和学习都会很顺利。更何况，新干线的座位很宽，乘坐时也很容易操作电脑，可以享受安稳舒适的商务时间，疲劳的时候也可以放松一下，这种模式很受好评。因为想要珍惜这个时间，所以特意去坐"光号"。

乍一看是造成时间损失的行为，实际上却相反，很好地利用了时间。

⊙ 如果被别人的意见左右而拿不定主意，要"切断"信息

在工作上听取别人的意见是非常重要的。但是，只要依赖别人的意见，就无法不被那个意见所左右吧。

听了各种各样的意见，为了不陷入拿不定主意的懊恼

---

① 此条针对日本国情，读者可结合自身实际情况选择出行方式。

境地，最后必须要有自己做决定的觉悟。

　　这时重要的是有将信息"切断"的勇气。最重要的是，将信息源集中在能够信赖的人或书籍等几个关键点上，在收集意见到一定程度后，将这个对照自己的价值观和基准做出赞成、反对之类的决断。

工作前后的自我管理术

⊙ 沐浴朝阳，调节体内生物钟

虽然有足够的睡眠，但早起就发呆的人，不只是睡得不好而已，可以认为是身体没有清醒。

那么，早上醒来后马上打开窗户，沐浴朝阳吧。人的睡眠和清醒与"褪黑素"这种物质的增减有关，而沐浴阳光的话，这种褪黑素就会减少，人会清醒过来，环境变暗的话褪黑素就会增加，所以会变得很困。沐浴着朝阳的时候，体内的生物钟会被调整好，让人清醒过来。

人作为生物，日出而开始活动、日落后休息睡眠是自然的节奏。在现代社会中以这样的生活方式来生活是很难的，但即便只有起床的时候调整到这个状态，也能轻松地开始一天。

⊙ 吃了早餐，头脑和身体都会处在临战状态下

因为早上即使是 1 分钟也想多睡，所以不吃早饭就出门的人有很多吧。但是，不吃早饭不仅对健康不好，还会降低工作效率。

人体在睡觉的时候也会消耗能量。通过吃早饭，枯竭的能量得以被补给，头脑和身体都能进入临战状态；不吃早饭的话，则会持续大脑营养供给不上、身体没有力气的状态。这样就会在工作效率无法提高的状态下直接吃午饭，然后由于饱腹感而犯困，因为空腹的时间持续了很久，身体容易积蓄脂肪，容易导致肥胖。

早餐可以简单地吃点儿吐司或谷物食品，和牛奶、酸奶、水果、坚果等一起吃的话，可以保持营养平衡，还能吃得很香。

⊙ 把通勤时间当作工作预热时间

能否有效利用乘坐地铁之类的通勤时间，会影响当天的工作成果。比如，用报纸或智能手机查看新闻，听很燃的音乐，一边读工作所需要的资料一边模拟当天的计划，就可以在准备万全的状态下，迎接最佳的工作起跑。

但是，如果想用早上的通勤时间进行工作热身的话，就要避免在拥挤的时间段乘车。早高峰前的地铁比较空，可以用来冷静地进行工作的准备。

⊙ 出差途中要尽量休息，保存力气

出差乘坐飞机时，必须注意不要竭尽全力工作。因为出差的本来目的，也不过是到了当地再做工作。如何使出差的事项取得成功，才是最重要的。

比如说，明明要进行非常强硬的会议和交涉，但在旅途阶段就很累了的话，就会鸡飞蛋打。

因此在出差的过程中，尽量休息，养精蓄锐，保持放松是很重要的。特别是去海外出差的时候，为了预防倒时差犯困，要好好休息，然后以万全的状态来对待工作。

⊙ 对成功、失败都要进行"分析"

把自己做的工作进行"分析",从中找出改善点来应用到下一项工作中,这是非常重要的。但是,进行这种原因分析并不是只限于工作失败的情况下。

如果不知道成功的原因,只满足于结果的话,这些经验也就会被搁置。为了不让那时的成功仅仅成为"走了运",而是让成功再现并扩大,即使在成功的情况下也要彻底地进行分析。

⊙ 召开"一人反省会①",找出问题所在

小学的时候,班里不是开过"反省会"吗?虽然反省会是在孩童时代召开的,但就自己现在的工作召开反省会,也是有趣又有益的。

在一天结束、周末或是一项大工作完成的时候都可以召开反省会。希望大家能把顺利的事项及其顺利的原因、不顺利的事项和不顺利的原因试着写出来。因为是有意识

---

① 反省会:类似中国的自我检讨。

地在召开反省会，因而能清楚地看到疏漏之处。

将顺利的原因当作自己的长处来进一步提高技巧，将不顺利的原因反省后作为改善的目标。虽然是大人才开的"一人反省会"，但在工作庆功宴上，也可以和团队一起开。

⊙ 寻找多种发泄压力的办法

完全不感到压力而活着似乎是不可能的，但在有压力的状态下继续工作，也只会效率低下。感觉有压力的时候，发泄出来是最好的解决方法。

并且，最好拥有多个发泄压力的办法。即使陷入了无法思考新事物的心理状态时，也希望你能事先准备好马上就可以执行的压力发泄法。

在考虑发泄方法的时候，要先从了解自己做什么能够缓解压力出发，这是重点。然后，需要掌握最适合你自己的压力发泄办法，并在合适的时机来执行。

⊙ 把入睡前的 3 个小时用来提高睡眠质量

睡眠不好、睡眠浅总半夜醒来的人，可以通过改变睡前 3 个小时的行为来体验质量好的睡眠。

首先，在睡觉的 3 个小时前要吃饭，1 小时前要洗澡，进行睡前轻微的伸展运动和腹式呼吸。不用过于拘泥于形式，只要能放松身心就好了。

应该控制的，是不摄取带有咖啡因的刺激物，不工作或学习，不操作智能手机或电脑，不喝睡前酒等。

也有穿着室内便服睡觉的人，但是厚衣服和连帽卫衣等都是不利于睡觉时翻身的，换上睡衣为好。这也是进入睡眠模式的一个好契机。

能睡得很香的话，就会迎来一个清爽的早晨。

⊙ 充分的睡眠避免疲劳延续

每天早上醒来，有没有觉得身体有些酸酸的，感觉很累呢？这样的人，可能是患有慢性睡眠不足。

成人的平均睡眠时间据说是 6—8 小时。虽然有个体差异，但如果持续睡眠时间在 6 个小时以下的话，白天就会变得很困，随着时间的流逝，注意力也会衰退。这样的话，工作效率也会下降，作为睡眠不足的结果，又会增加加班，陷入恶性循环。

　　睡眠不仅仅是身心的休息，也和记忆的再构成、受伤细胞的修复有着深刻的关系。特别是为修复受伤的细胞担负着重要作用的荷尔蒙，只在晚上 10 点到凌晨 2 点之间会分泌，所以在这个时间睡觉的话可以获得优质的睡眠。

"马上就好""马上通过"的策划案制作术

⊙ 策划案不是"灵光一闪"，而是诞生自想法的"组合"

考虑策划案的时候，重要的不是从 0 到 1，而是将现有的想法组合起来，将其升级、提高，而不可能是所谓的灵光一闪，突然产生了一个新的东西。

也就是说，从平时就开始储存各种各样的想法是很重要的。另外，如果在其他人做的策划案中见到优秀的东西的话，就吸收那个框架，加上自己的独创性，自然就会产生新的方案。

⊙ 在日常生活中记笔记，储存想法

打电话时的内容和上司的指示都会记在笔记上，所以笔记本和文具应该随时都要带着。那么就更进一步地使用笔记本，试着做些想法的储存吧。

突然浮现出了好想法，但很难马上实行，这时很多人就会忘记了吧。还有，即使不是想法，比如对什么存在疑问，或是有在意的事情，也记下来，如果有时间的话就试着调查一下吧。

如果在日常生活中随时都有做笔记的习惯，那么就可以把忘记了会觉得可惜的灵感整理起来重新审视了。

⊙ 把想法"手写"出来

脑海中浮现出的想法，不具体表达出来就什么都不是。在以策划案等形式展示给他人的阶段之前，推荐使用"手写"方式记录。

即使是很好的想法，最初时自己也不可能掌握整体形态，不能确定哪部分有多么优秀。通过整理，就可以用图式化的方法来打磨自己的想法。

也许用电脑也能写出来，但是手写的好处在于，普遍认为用手来书写的话大脑会受到刺激而活跃起来。

不要"那样""这样"空口去说，在笔走龙蛇或者箭头画了满纸的时候，想法就被具体表达出来了。

⊙ 在家中的"想法诞生地"放上笔记本

突然浮现在脑海中的想法，会马上就淡忘了。在忙碌的每一天里，甚至会忘记自己曾经浮现过想法。即使在西装的口袋里放了笔记本，在穿着休闲装的家中也不能随时记录，而越是放松的时候，就越容易产生想法。

那么，在家中的"想法诞生地"放上笔记本吧。灵感的诞生，往往发生在将杂念洗除的一人空间里，所以选择厕所和浴室的人很多。如果放了设计漂亮的记录卡和防水性的笔记用具的话，就可以立即把脑海中浮现出来的创意写下来。

⊙ 定期"整理"想法的库存

好不容易记在笔记上的想法，在每天忙碌的状况下置之不理是没有意义的。定期检查，试着重新评估吧。比如

说，可以自己设置为每个星期六的下午，或是当攒齐了 30
个主意的时候。养成这种周期阅读的习惯吧。因为太少的
话读起来也没意思，所以有一定程度的积累就行了。为什
么脑海里会浮现出这种事情呢？是搭上了哪根天线呢？自
己可能也会歪着头思考了。

　　另外，不需要着急处理每一个想法，因为也不可能马
上就对工作有所帮助。

　　虽说如此，这样却能看出自己的兴趣点，之后只要考
虑在哪个方向发展就好了。

⊙ 散步是产生创造性想法的契机

　　工作遇到瓶颈的时候，要敢于离开桌子去散步。因为
散步有各种各样的功效。

　　首先，通过走路，身心得以恢复，大脑的血液循环和
氧气的供给也会改善。结果就是，大脑被激活，注意力提高，
散步会成为产生新想法的契机。另外，通过吸入新鲜的空
气刺激五感，大脑觉醒后的效果也值得期待。

　　散步的时候，以不觉得累的程度稍微快些走是关键，
即便是 10 分钟左右也能达到效果。

⊙ 文章尽可能短小，一个句子控制在 40 字以内

即使是"从小学开始就不擅长作文"的人，也能够写出商务文章。甚至可以说，越是这样的人，可能越能写一篇很好地表达自己意图的文章。

写商务文章的窍门很简单，一个句子尽可能地缩短。把一句话缩到 40 个字以内，一句话只包含一个信息。也就是说，要写得无论是谁都能一眼就看明白，做到简洁明了。

重复、内容的堆砌、修饰语等完全不需要。另外，要避开专业用语和简称，即使是对方也明白的词语。没有以上这些问题的简单文章，对读者而言就是一篇容易理解的优秀文章。

⊙ 每隔几行就换行，把文章分出段落来

试着用短句子写了文章，但还是觉得让人难理解，在这种情况下，就要看看是隔了多少行才换行的。如果是小说的话，可以写上几十行都不换行；但在商务文章中每隔几行换一行，分出段落来，会显得张弛有度，读起来就会

变得容易。

段落是由数个句子组成的。在把握一个句子只表达一个信息的原则基础上，考虑一个段落是否也表达出了一个总体信息，要时刻有这种意识。把"我想用这篇文章表达什么"放在脑海中，如果站在读者的立场来写的话，即使不费劲地去考虑，也能写出一篇好的商务文章来。多读一读评价高的商务文书之类的，把它们当作范本吧。

⊙ 如果为制作策划案而烦恼，就从填写项目开始

为制作策划案而烦恼的时候，首先，最重要的是要从填写项目开始。人类的大脑，在看到空白时就会感到不安，这是因为大脑具有无论怎样都要填补那个空白的属性。

结果，大脑看到了策划案上的空白，就会为了填补空白而全面运转起来，并一个一个不断地创造出新想法来。

利用大脑的这一属性，还可以从策划案的结尾，也就是结论开始写。对照着结论把想到的东西一个接一个地列举出来，最后只要整理好格式就完成了。

⊙ 写商务文书，比"起承转结"更好的是"起结承转"

"起承转结"是文章构成的基本，但在商务场合并不一定是有效果的文章构成。因为在商务中最重视的是"结"，也就是结论。

希望大家在这里应用的是"起结承转"模式。首先用"起"提出问题，之后就用"结"提出解决方案。接着在"承"的部分叙述提出解决方案的理由，最后的"转"指出今后的关键点就可以了。

这样一来，文章的要点就能很快被理解，整体内容变得容易读懂，这在商务场合中非常有效果。

⊙ 策划案要总结到一张 A4 纸上

策划案要以阅读对象很忙为前提来写，这是铁则。不要制作那种让对方打消阅读念头的几十页的策划案，只做一个总结了重点的写在一张 A4 纸上的策划案就可以了。

重要的是让对方理解策划的内容。如果是一张纸的话，读者的负担就会很少，制作策划案的时间也能缩短。

如果能将充裕的时间都花在打磨策划案中所提的内容上，那就变成一石二鸟或一石三鸟了。

⊙ 策划案的厚度增加的话，准备一个"摘要"

虽然策划案基本都会总结到一张纸上，但如果想表达的内容很多，无论怎样纸张数都要增加的话，那么准备"摘要"是不可或缺的。

"摘要"是"要点""概要"的意思，是指总结了要点的资料。在一沓厚厚的策划案面前，面对快要失去阅读兴趣的对象，为了把策划案的内容简洁迅速地传达给对方，摘要承担着重要的作用。

写摘要的时候，清楚地写出"优势""预算""计划安排"，会让策划内容显得有吸引力。

⊙ 把英文字母和阿拉伯数字设为"半角"，资料看起来会洗练

在制作资料时，希望输入时能把英文字母和阿拉伯数字设定为"半角"。半角和全角混合在一起的资料看

起来很不美观，可信度也会打折扣。制作资料的基本规则是，在竖排书写时才能使用全角的英文字母和阿拉伯数字。

另外，为什么说非要使用半角的英文字母和阿拉伯数字呢？因为半角会给人留下清爽的印象，整份资料都会看起来很紧凑。

为了制作出给读者留下好印象的洗练资料，注意半角英文字母和阿拉伯数字的统一是很重要的。

⊙ 在策划案、报告书中不加入不必要的"专业用语"

用作策划案和报告书的文章，要尽可能地写成容易理解的文章，这是铁则。绝对要避免加入不必要的"专业用语"，使用好理解的语言来书写是关键。

会有上司或主顾，只要看到不懂的用语就不再读策划案。要经常怀着这个意识来写文章。

另外，即便是对只有极少部分人才不懂的用语，也添加简单的解释，这样就能写出一篇更容易理解的文章。

⊙ 与过去的"成功案例"联系起来，新创意就容易通过

好不容易有了个想法，如果策划通不过就会无法实现。如果要发表的话，把新想法和过去的"成功案例"相结合，就容易被采用。

公司的上层是很慎重的，会抱有新方案是否会失败的担忧。但是，"好像 2015 年的更新中实现了销售额大幅度上升……"用像这样的成功案例来宣传的话，上层的姿态就会变成"这样的话，要不要听一听，考虑一下呢"。

找自己公司的成功案例会比较容易被接受，但同行业公司的案例，甚至完全不同的行业的案例也可以。只要能找到这些案例与自己想法的共同点就可以了，好好地说服上层吧。

⊙ 给想法"睡眠"时间，完成度就会提高

想出一个好主意，把策划案做完了。那么，就会想马上拿给上司看，上下个月的策划会吧？但是，请等一会儿。一口气完成的工作，有可能会存在错误和不足之处。

　　姑且给自己的想法一个"睡眠"时间，用冷静的眼光重新审视的话，就会发现错误，甚至会产生更好的想法，完成度就能变高。因为"睡眠"时你要做别的工作，大脑中的工作改变了，就能做出像旁观者一样的判断。

　　如果是有截止日期的工作，不要在临近截止日之时才开始，要早点儿做完后给它"睡眠"时间，在提交之前修改就好了。

第三章

让事情顺利推进的人际关系术
- 二 三

甩掉会议的无用程序

⊙ 战略性的座位安排，让会议得以顺利进行

会议室中，总会有一个对达成目标最有利的座位。因此，想要顺利进行会议的时候，最好战略性地思考一下自己的座位。

首先，想掌握会议主导权的时候，要坐在白板附近的座位上。

更进一步地说，从与其他参加者的位置关系来看，不同的座位产生的效果也不同。比如说，和坐在自己对面的人能够很好地沟通，但如果意见对立的话，就会容易受到强烈的反击，这是需要注意的。另一方面，坐在有邻座的

座位上，因为彼此心理上会产生亲近感，受到攻击时比较容易有同伴。

⊙ 考虑好会议的剧本，划定时间

要开会时，为了达到设定的目标，有必要事先考虑好剧本。比方说会议时间定为 2 个小时的话，就要一边假想参加者的反应，一边根据讨论的议题来划定时间。

此时重要的是，不要把时间全部分给讨论议题，一定要设置供大家犹豫的时间。这样的话，会议就能照预想的进行，如果犹豫的时间没用上就结束了的话，那就就此结束会议。会议越短越好。

另外，提出的议题，应该按紧急程度来排序。如果按照重要程度排序的话，可能会引起讨论气氛的高涨，造成时间不足，所以要注意。

⊙ 只邀请能拿出议题解决策略的人参加会议

如果想举行有意义的会议，参加人选是很重要的。很多会议的参加者都是通过"这个人职位高""因为叫了那个人所以也必须叫上这个人""人数多比较好"这种办法选出来的，这是没有意义的。这不光会妨碍到会议的进行，还增加了让会议时间白白延长的可能性。

会议的参加者，应该缩小到具备关于这个议题的知识、经验和信息，能够提出解决方案的人群身上。

但是，如果对会议的结果提不出任何反对意见，也没有激起任何讨论的话，就要考虑是不是聚集了一群应声虫。也许是觉得没干劲，或是有些没有必要的顾虑吧。试着重新审视一下参会人选和会议的进行是否有问题吧。

⊙ 提出提案的时候要准备"替代方案"

在会议上做提案的时候，希望不要突然就提出来。首先要请上司确认，等到确认好方向之后再深入挖掘研究，这之后再提出提案的话，就可以减少时间上的浪费。

而且提案不要只准备一个，而要把替代方案一起提交，这样就不会陷入反复修改的境地。把提案修改好了的情况下，如果吸取上司的意见再做考虑的话，就能省去很多麻烦。

⊙ 不要开"只要有趣就畅所欲言"的会议

通过自由思考来生成创意这种态度固然重要,但是在"只要有趣就畅所欲言"的会议中,却很难诞生真正有趣的创意。

因为人的大脑在遇到限制和危机的时候才能被激活。也就是说,给予一定程度的限制和框架的话,新的创意是可以量产的。

为了开一个有实际意义的会议,准备一个空白的框架是有效的办法。为了填补那些空栏而提出想法和意见的话,就可以在短时间内开一个高成效的会议。

⊙ 以 10 分钟为单位设置会议,可以减少浪费

为了决定某件事情而召开会议,要不就是出席者们持续沉默,要不就是推翻议题的人不断出现,结果最后什么也没能决定……如果想结束这种时间浪费的话,就以 10 分钟为单位来设置会议的内容,决定好结束时间。

如果有人说 10 分钟太短了的话,请向出席者提出对议题要事先做准备的要求。并且,制定"全体人员无论做出什么发言,都不会倒回到之前议题"的规则,在强调速度

感中召开一次有内容的会议。

⊙ 会议要指出"明确的目标"

虽然召开了会议，却只是拖延时间，什么问题都没有解决，经常有这样的情况吧。这是因为没说清楚为什么要开会，时间就一点点结束了。这样的会议，无论开多少次结果都是一样的。

开会之前，有必要向出席的全员传达"是否执行这个企划""如何改变经费的检查方法"等"明确的目标"。目标设置要尽量具体。

实际上，有很多人连这样基本的议题都不了解就被召集来开会了。如果不能认真地讨论，在短时间内无法达到目标的话，会议就已经失败而只剩下浪费时间了。如果只是无意义地延长时间的话，不如告知全体出席者会议失败，然后解散为宜。

⊙ 会议上要避免论点含糊不清的无谓发言

出席会议时，经常会注意到有人不断讨论与议题无关的话题，或是在不理解议题的情况下，说出跑题的意见吧。这样的发言拖延了会议的进展。我希望大家经常思考自己有没有这样的发言。

有时，虽然做了预先准备，但到了开会时才发现自己对议题的相关知识和信息的储备不足。另外，还有清楚地发现自己根本无法插嘴的情况。

如果知道了自己的发言不能为这个会议做出贡献，即使被要求发言，也要明确地说出理由避免发言。

⊙ 事先分发会议资料，让参会者会前阅览

如果担任会议的主持人，要事先给出席者们分发资料，让他们提前阅览一番。这样一来，全员脑中都能知道会议的目标和论点，应该就可以节省多余的时间或开场白，直接进行讨论。

但是，如果资料量太大，有可能会读不完。总结成 5 张或少于 5 张 A4 纸的程度，与会者就能简单地审视一遍了。如果有作为证据的数据之类的，可以做成附加资料的形式。

内容要写得客观，写清案例的优点和缺点及其根据。如果事前提出了多个意见的话，就把它们都写进去。

⊙ 白板能出乎意料地提高会议的效率

即便是开得漫不经心、参会者注意力很差的会议，利用白板的话也能出乎意料地提高效率。

使用白板的要点是，由会议的领导者直接书写。通过讨论，在白板上整理发言，能使大家的注意力都集中起来。

这时重要的是，尽可能地把参加者的发言记录下来。这样一来，发言者参加会议的意识会高涨，发言自然会变得机敏。另外，在确认是不是偏离论点的时候，如果用图来说明差异点的话，就一目了然了。

⊙ 会议的白板要左右分开使用

在会上使用白板的时候，从中间划上线，左右分开使用的话会更有效果。在写法上也有秘诀，在左侧写上发言内容，右侧则用来画图。

具体来说，首先在左侧记录参加者的发言，讨论进行到一定程度的话，就将发言内容分组。然后在右侧把左侧分组的发言内容画成图表，整理，分析并结构化。

结果就是，看起来毫无秩序的发言内容显得清爽，成为发现新想法和解决方案的契机。

⊙ 在会议上不带电脑和录音器

为了尽快完成会议记录，最好不要把电脑带入会议室，或者为了防止听漏而带上录音器。

首先，做会议记录的话，与其在会议进行时写详细的记录，不如之后回顾，先记下结论，这样内容会更准确。最重要的是，如果一味地记录发言的话，就没法在会议上谈自己的意见了。

另外，会议结束后重新听录音器的话，会花费和会议一样的时间，所以无法节约时间。会议记录在会议结束后记忆最新鲜的 30 分钟内完成，能收到最好的效果。

⊙ 会议中使用智能手机拍摄白板

制作会议的会议记录，会很花费时间和精力，但如果用智能手机来拍摄的话，几秒钟就能完成。

万一白板的空间不够了，即便内容要被擦掉，拍了照也就没有问题了。

　　这个方法最大的好处是可以不用做会议记录；将拍摄的照片数据通过邮件的附件来发送，很容易实现信息共享，这也是其魅力所在。

⊙ 会议上决定的事要"马上着手"

　　会议的目的在于"决定为了优化工作成果而必须做的事"。也就是说，会议上决定的事情要"马上着手"，这是商业铁则。

　　实际上，马上实行而得到的效果有很多。

　　如果快些着手工作的话，就可以更准确地估计着日程来行动。而且，在遇到意想不到的麻烦的情况下，也可以保证在时间和精神上能从容地应对。因为在工作的中途阶段还能留有咨询周围人建议的富余时间，所以也可以让优化工作成果这一目标成为可能。

⊙ 视频会议要做比面对面会议更多的"准备"

　　无论离得再远的人都可以边看边交谈的视频会议，是一种迅速推进工作的有效手段。但是，要举办这种会议的话，必须要做比普通会议更多的准备。

首先要检查通信状况。这似乎是理所当然的事，但也有马上召开前地点发生变更的情况。这就要求既要确定预备的场地，又要进行检查。

为了不让画面的背景看起来乱糟糟的，最好选择有白色墙壁之类的地方。

声音不清楚的话，会导致听错等问题。选择一个安静的场所是自然的，配备好一点儿的耳机的话，就能听得更清楚了。

如果是和海外对象开会的话，应该要考虑时差，也要考虑到夏令时，还有因宗教原因而不能参加会议的时期和时间。

⊙ "站立会议"让会议迅速推进

所谓会议，是大家按照预定时间在会议室集合、入座来进行的，但这只不过是一种固定观念。

根据内容，在有必要进行对话的瞬间当场举行的"站立会议"，能让工作更快地进行。

举行站立会议的话，不需要调整日程，也不需要坐下才能说话，所以几分钟便能结束。

其唯一的规则是，不问地点和时间地进行。这样不仅能缩短时间，而且可以有效防止问题解决缓慢的情况发生。

⊙ 不开"会议狂"的会议

公司总是会有很多会议。但是，所谓的"会议"，大部分都是没必要特意集合起来的单纯的面对面报告，并不是有多重要的议题，也不是认真地进行讨论，这是现实情况。而且，因为没有得出想要的结论，下次还会把同样的成员召集到一起。

这样的"会议狂"对所有人来说都是浪费时间，经历无聊，而后转为焦躁不安，反而会使组织内的人际关系变得不好。应该马上停止"会议狂"，停止的办法也很简单。可以利用邮件或网络论坛交换意见取得共识，只要能使工作得以顺利进展就可以了。

⊙ 比起继续烦恼，不如召开"一人会议"

遇到要自己一个人拿出想法，或是必须做决定的事情时，就会不自觉地陷入沉思，会变得怎么都得不出结论而不断地烦恼。如果想早点儿得出结论的话，就要花个时间召开"一人会议"。

"一人会议"不能漫不经心地开。预先要明确好议题、目标，要把问题点和选择项都分条写好，总结成文件。这样一来就会在脑海中整理好。然后，如果预计两个小时的话，就把时间分出两个小时，在这期间不考虑其他的事情，集中精神思考。

这样得出的结论，是现在自己所能得出的最好结论。会议时间设置的诀窍是，要设置在能尽量避免被打扰的时间段。

提升谈判成功率的秘诀

⊙ 会面的候选时间由自己来定，占据优势

在决定会面的候选日期时，互相谦让是一种浪费时间的行为。为了能如自己所愿地进行时间调度，也为了从被时间折腾的压力中稍微解放出来，希望能先于对方提出一些会面的候选时间。

但是，在提出候选时间的时候，为了不失礼于对方，应该把多种方案分条写出来。这样一来，对方回信也会变得容易，可以不用来回交涉，能轻松决定日程。另外，在挑选候选日时要假定对方很繁忙，提出3个以上的候选项。

⊙ 业务准备要预先做到八成

在外出工作前，了解对方的公司和人员是基本中的基本。

如果初次见面的时候取得交涉成功的话，那么接下来的业务也会比较容易，所以优秀的业务要花八成的时间在准备上。

在现代，公司的主页自不必说，对个人也可以通过脸书等社交网络来获取信息，这样就能了解对方的兴趣和生活方式，容易抓住谈话的线索。要改变自己的话语，不然聊的话题不同，开启谈话就会很缓慢。

如果做好充足的准备，就能在很短的时间内完成合同。

⊙ 出差的宾馆根据"滞留时间"来选择

出差地的宾馆各种各样，不知道该去哪里好了。那么，就以自己在那个宾馆要停留多久为标准来选择好了。

如果是晚上办理入住手续，第二天早上就退房的话，那只考虑睡觉就够了，选择简单的酒店就可以了。但是，如果想在住宿的酒店工作的话，应该选择桌子宽大、网络环境完善的地方。如果有悠闲的休息时间的话，可以选择有大浴场或者早餐丰富的地方，这样可以舒适地度过。

最近，由于外国游客的增加，酒店的预约变得困难了。但是，即便住宿预约网站上显示满房，很多时候宾馆自己的网站上也会有空房，试着查阅一下吧。

⊙ 通过"提前一天确认"避免发生纠纷

之前确定好了要出席的一些重要会谈，对方却不知道为何忘记了。对方当然就没有做任何准备，结果会谈什么都没定下来。这当然会让人很气馁，但如果不想遇到这种情况的话，就提前一天确认一下吧。

如果前一天确认一下的话，工作上的纠纷很多都是可以避免的。如果对方是客户，不好一一地去确认，打电话去问也显得失礼。但是，如果使用邮件的话，打招呼的时候顺便说"明天，我很期待能见到您""明天，我会就前几天送去的策划案向您请教"，这样的话就不会显得不自然。即使是公司内部会议，也要向出席者们确认"明天的会议，请多多关照"，这样大家就会带着目的来开会了。

提前一天确认，也有助于发现自己的错误。这样做几乎不浪费时间和精力，还请大家要养成习惯。

⊙ 见客户要提前出门，做好"心理准备"

商务场合是严禁迟到的，当然应该比客户提前到达现场。如果想以最好的状态进行商谈的话，那么试着早点儿出门就好了。

如果到达了会见客户的地点，在周围走上 10 分钟左右，心情就会平静下来，产生从容感，大脑也会被激活。一边走一边观察周围的街道和饮食店，之后在和对方的对话中可以插入"这里有公园呢""那家店怎么样呢？下次我想去看看"之类的话，就不会欠缺话题，商谈也能顺利进行。

即使早点儿出门，也不会出现浪费时间这种情况。这反而是有效使用时间的方法。

⊙ 考虑好剧本，准备好资料后再进行商谈

在商谈中，会遇到对方要求大幅度降价，或是接待的那家店关门了……商务场合中，总会发生意想不到的事情。

为了不在那时手忙脚乱，就事先在脑海中想象一下"对方这样说的话我就这样回答，要是那样的话我就这样"这种剧本好了。对上司也要说："对方如果这样说的话我该怎么办？"事先就请求批示，准备好可以应对预想之外事态的资料，做到能够马上取出来给对方看，然后再出门。

只要事先做好准备，就不需要从头开始进行商谈，即使发生了预料之外的事，也能沉着应对。

⊙ 开始商讨、会谈的时候，先确定"预计结论"

在交涉和商谈中，先确定"预计结论"是非常重要的一点。

如果双方没有在事前抱着相同的目标而开始会谈的话，就或是不能得到彼此都满意的结论，或是要把议题带回去。这样会非常浪费时间，还望各位注意。

也就是说，交涉或商谈没有在事前确认目标的话，是无法保证成功的。希望大家能铭记在心，在坐到座位上之前，生意已经开始了。

⊙ 以名片上的信息为契机展开交流

与初次见面的对方交换名片时，交换的礼仪是很重要的，但更重要的是建立与对方交流的契机。然后，这时的重点是如何利用名片上的信息。

比如，如果名片上写着不常用的头衔或很长的部门名称，那就是提问的机会。另外，如果是设计独特的名片，对此表示关注的话，也会产生对话的契机，容易缩短与对方的精神距离。

⊙ 自我介绍时给对方留下印象的秘诀是寻找"NO. 1"

在自我介绍中，只需放入一个令人印象深刻的句子，就能在对方的心中留下鲜明的记忆，之后的商业活动也能顺利进行。在各种各样的句子中，希望大家能作为必胜句来使用的是"NO. 1"。

首先，寻找自己的"NO. 1"是先决条件，万一找不到的话，缩小范围来创造一个就可以了。

比如，如果不能称为全国第一的话，那么县①内或地区第一也没关系。把这句话渗透在自己的工作内容中传达，就能制造给对方留下好印象的契机。

⊙ 和初次见面的人用"微观失败谈"来消除隔阂

在工作中，经常要和初次见面的人交谈，而且与私人场合不同，必须尽早给人留下好的印象。但不必担心。对方也是初次见面，所以也一样紧张，也是在观察着你这边的状态。

首先从天气等国际通用的话题开始，如果对方比较放松的话，就试着讲讲自己失败的小故事吧。只需要说一点儿小事，比如因为很热所以把上衣忘在咖啡店了，慌慌张张地回去取，结局是咖啡店的人追了出来，所以得救了之类的，说些这种让人听了觉得轻松的段子就可以。

如果能像这样让人感受到亲切的话，对方就能很快消除与你的隔阂。

---

① 县：日本行政区划单位，相当于中国的"省"。

⊙ 了解"关键人是谁"，占据洽谈优势地位

无论完成得多好的工作，如果客户中的关键人的反应不好就不会成功。因此，为了取得商谈上的优势地位，首先要了解"关键人是谁"。

关键人是谁，在与客户进行交流的场合几乎都是知道的，万一有不清楚的情况，就向负责人以外的人直接确认一下谁的评价是必需的。但是，为了能顺利进行工作，首先很重要的是和负责人建立良好的关系。除此之外，建立与关键人的信赖关系，进行事前疏通，这都和最后的结果息息相关。

⊙ 讲话时分条叙述，会显得有"逻辑性"

即使是即兴，只要分条叙述就会听起来很有"逻辑性"。重点是，首先要告诉对方有几条内容。这样一来，听者因为有了心理准备，就能认真地听你讲话。分条太多的话对方也记不住，所以把数量总体控制在三条左右是最理想的。

做报告的时候，要把说的内容分条列举到笔记上，说

的时候分条叙述，就能更容易地把内容传达给对方。另外，自己现在到底在说些什么呢？这样一边整理自己的大脑一边有逻辑地说出来，也会让讲话更有效果。

⊙ 把想说的事在报告幻灯片的开头和结尾各展示一次

在制作便于向对方传达信息的报告幻灯片时有一个原则，那就是要把想传达的事情放在开头和结尾展示两次。

只这么一点，就能防止报告传达内容马马虎虎、不清不楚，而变得脉络清晰、叙述简洁。

另外，把对方想知道的信息放在幻灯片的前半部分也是关键。这样的话，可以一边吸引对方的兴趣，一边展开报告。

⊙ 在资料上加入图和图表会让效果更好

有这种情况吧：即使花时间说明，对方也很难理解，但画一个图示对方很容易就接受了。在商务场合，使用图和图表的话，会比较容易得到对方的理解。

最简单的是箭头图。在日常生活笔记中，会把从 A 到

B 写成"A → B"，这在工作中能派上用场的时候也很多。表示彼此对立或矛盾的话，可以使用"A ←→ B"。

表示过程的流程图、方便进行比较的矩阵图、展示产品特征等的定位图等，希望大家都可以应用自如。在电脑上作图很简单，但最好先用手画一下，这样自己的想法会变得明确，作图也会更快。

⊙ 发言时把想传达的事情写出 3 到 4 件之后再谈

在很多人面前发言时自然会运用这样的技巧，但就算是一对一地传达什么的情况下，也该先简单地写些笔记，这样到了临场的时候，就可以从容地说明了。

只须要把发言的要点写出 3 到 4 条就可以了。这样不仅能让自己冷静下来，进行有逻辑的说明，还可以防止漏说。

另外，发言时不须要偷偷地看笔记，就好好地拿在手上，一边确认内容一边说就可以了。即使习惯了，不写笔记也能说，也一定要一边确认内容一边发言，这样才能收到更好的结果。

⊙ 从多个方案中做选择的时候，以优点和缺点来判断

从很多方案中选择一个，绝不是一件容易的事。在这种情况下，应该作为判断依据的是该方案的优缺点。

其做法是，首先分条写出各个方案的好的一面和坏的一面。这时最重要的是把时间线放入脑海中来考虑优点和缺点。

从最近的时间开始预测，3 年后，5 年后，10 年后，在执行这个方案的情况下，如果能想象今后会发生什么样的事情的话，应该自然就能找到答案了。

⊙ 使用手表让商谈、面谈控制在一定时间内的技巧

洽谈时间很长的话，可能会影响到下一个计划。尤其是重要的商业话题已经结束了，但对方一直在闲谈的时候，即使内心焦躁不安，也绝不能显露出不礼貌的态度，所以要引起注意。

这种时候，把手表摘下来放在桌子上就好了。看着对方的眼睛，一边听对方说话，一边若无其事地摘下手表，这样的动作，就不显得失礼了。如果对方是擅于体察的，

就会注意到时间已经超过了。

即便对方沉浸于谈话中，看起来还没有结束的意思，桌子上有表的话你也可以知道时间。你可以冷静地听到不得不走时，然后说："虽然还想跟您再聊一会儿，但我之后还有预约……"这样来表达就行了。

⊙ 用作"根据地"的接待场所要有 5 家

用于接待的店，有的是以前就定了的，有的是上司给介绍的，会有好几家吧。但是，除此之外，用作自己"根据地"的接待场所还应该有 5 家。

不是高级的店也可以。如果能让对方过得轻松愉快，那么招待就取得成功了。平时私人生活里也要去各种各样的店，如果有觉得不错的店，就会多去几次。如果和店里的人熟悉的话，带着接待对象去的时候，店家也会很高兴地提供服务。

小酒馆、日本料理、意大利菜等，如果了解不同风格的店，就可以迎合对方的喜好，不让客户感到厌烦。

⊙ 商谈结束时，要依依不舍地离开座位

碰头会按时结束了，就想着着手准备下一个计划了，但这时视对象的不同，你的这种态度有被认为是"冷淡对待"的危险性。

因此，从座位上站起来的时候，一定要一边表现得看起来很不舍的样子一边慢慢地站起来。

在这个时候，一定要说着和商讨的结论相关的话题。然后，在离开时，以关于讨论时间不足的道歉语来做结的话，就不会给对方带来不好的印象了。

⊙ 对达成协议的内容要以书面形式"共享"

与对方达成协议的内容，当场以书面形式"共享"是非常重要的。无论是反复讨论过多少次才最后达成的协议，双方都会有不少认识上的差距，这是不可避免的现实问题。

为了避免语言表现上的暧昧，必须要认真地进行书面化，这时阅读书面稿，好好地进行确认也是必要的。

另外，人的记忆随着时间的变化会向对自己有利的方向篡改。为了不让自己和对方的记忆动摇，绝对要避开口

头上的同意，必须使用明确的语言进行书面化表达，这即便说是最低限度的商务礼仪也不为过吧。

⊙ 制作对每个企业的"访问历史"，在下一次利用

工作中会多次造访客户的公司，与对方进行反复协商吧。那么，如果把访问的日期，对方的部门和负责人，协商的内容、主题，对方的反应、希望等历史记录做成一览表的话，就可以在下一次协商中发挥作用。

特别重要的是，记录主题和对方的反应与希望。如果我们无法决定如何处理这件事的话，那即使去了对方那边，也只是反复进行无益的协商。另外，在对方的负责人替换的情况下，这一部分也是有用的。这个访问历史是针对客户而做的，不仅仅是自己，如果让整个部门都能看到的话，就可以应对突发事件。

⊙ 如果带回去研究，要明确"方向性"

在商谈的场合，有时会遇到自己无法做决定的事件。不得不带回去向上司报告并讨论的话，此时的绝对条件是，

要明确对方所期望的结论的方向性。

如果是价格和经费等数字问题的话，能让步一定程度就很好交涉，但如果是销售战略等强调形象的问题，即使带回去研究，也有可能会得出和最初的讨论完全偏离的结果。这会在重复徒劳工作的基础上，使对方变得不满。

要带回去商量的时候，就要彻底地确认对方的意向，必须要明确结论的方向性。

⊙ 售后服务不拖延，马上就做

如果你完成了大量的订单，或者找到新主顾的话，我会高兴地为你举杯。但是，应该"马上"去做的，是售后服务。

或是用电话和短信表达一下感谢的心情，或是去询问一下现在的情况，万一有问题的话就马上解决。售后服务越早就越能影响到对方的心，不能只询问一次，定期持续地询问会让对方感受到诚意。细致的售后服务，很多时候会赢得下一次的订单，也有可能得到介绍新顾客的机会。

觉得工作进行得很顺利，就姑且休息一下，把售后的事拖延一下，人很可能会这样做的。应该在还鼓着干劲儿的时候，马上进行售后服务。

稍花心思就有效果的邮件、电话诀窍

⊙ 需要花 3 分钟以上书写的事，不使用邮件而用口头或电话表达

虽然邮件会使工作效率化，但也有使用邮件反而会妨碍工作效率化的情况。明明是用口头或电话马上就能传达的事，如果写邮件要花 10 分钟以上的话，别说优点了，就只剩缺点了。

基本规则是，如果要写 3 分钟以上的话，就不要使用邮件，而是用口头或电话联系。特别是包含有微妙意义词语的事情，即使写很长的邮件，导致误解的风险也很高，若是多次交流的话花费的精力会增加，直接说的话反而可

以防止时间的损失。

⊙ 事先记下要说的内容，防止讲电话时浪费时间

打电话之前做好准备的话，可以防止回拨等浪费时间的行为。

特别是有多个事项要交代的情况下，事先在笔记上写下，边看笔记边说，能切实地把事情传达给对方。另外，在减少遗忘的失误方面也很有效果。

而且，为了防止回拨浪费时间，在打电话的时机上也要下功夫。即使是繁忙的外勤人员，在上午的前半段时间段，以及对方公司马上要下班之前的时间段，都很容易找到人。

万一赶上对方不在的情况，请明确告诉代接电话的人一定要记留言笔记，这也是很重要的。

⊙ 接电话时应该准确地记笔记

接电话时最重要的是记笔记。特别是在接给其他人的电话时，为了获取准确的联系内容，记留言条是必不可少的。

记留言条的时候有三个要点。

首先是必须要记下对方的姓名、公司名和部门名，还有打电话的日期和时间，为了确认，来电的号码也应该记下来。其次，写得简单也没关系，要记下电话的内容和事件。最后，要清楚地记下对方要拿到这个留言条的人做些什么，这是非常重要的。

⊙ 如果用电话联系业务的话，不要"两三分钟"，最好是"一分钟"。

在对待上司时，不说"能占用您一点儿时间吗？"，而说"占用您两三分钟可以吗？"这样开始谈话对方就会比较爱听。但是，如果用电话联系业务的话，两三分钟也会被嫌长。试着问"一分钟左右可以吗？"。这样的话，对方听的概率会显著提高。比"两三分钟"短，要问"短"多少也说不清，但是这样就有人会觉得"一分钟的话可以听一听"。

即使开始对话了，也不要破坏"每个句子要简短"这一条铁则。如果超过一分钟还是无法表达完的话，就问"再谈一会儿也没关系吗？"。因为这样会让人感到诚意，一般都可以继续说下去。

⊙ 业务电话要在最初的 15 秒中取得信任

给没见过面的对象打电话的时候，首先要避免被认为是"说话很啰唆的人"。对方如果这么想的话，应该早早就切断电话了吧。所以需要在最初的 15 秒，让对方感觉你是个可以聊一聊的人。

你可能会想"只有 15 秒吗？"，但试着用手表计时的话，15 秒会长得令人感到惊讶。在 15 秒内给人留下好印象绝对不是不可能的。

首先，要把你们公司的名字和业务内容正确地说出来，把自己的名字用全名告知对方。然后，具体地说明你们公司的业务对对方来说有怎样的好处。每个句子都要很简短，句尾要很清楚。"……所以……但是"这样断断续续的说话方式，会让人觉得你说的话比实际要更长。

⊙ 记住任何季节都可用的问候语

把经常使用的文件作为数据保存下来，改写收件人姓名和必要的部分，就可以多次利用了。如果想更加效率化的话，还有一招是把季节问候语统一。

在文章的开头，如果是一月的话，就写"新春之季"；如果是二月的话，就写"迎春之季"，这种把季节问候语插入的方法，月份变了的话就必须要改写。如果不小心直接发送出去的话，就会将季节有误的邮件发给对方，对方体察细致的话，就会发现你在使用模板。

不想犯这种错误，又觉得一个一个地替换很麻烦的话，把季节的问候语替换成一年中都使用的"时下"就可以了。如果是定期发送的格式文件的话，以"敬启，时下怎么怎么样，发展越来越……"之类的话开始，就不会失礼。

⊙ 收件人写"负责人"的邮件是不可能寄送到的

给目前为止没有做过交易的公司发邮件的时候，对方的姓名是怎么写的呢？即使考虑到所属部门的名字，但如果收件人写"负责人"的话，那封邮件不被阅读的可能性会很高。

换个立场考虑一下吧。每天都会收到很多的邮件，你会对其中都不知道哪里寄来的写着"负责人"的邮件感兴趣吗？不仅如此，可能会觉得这是垃圾邮件，会立即删除吧。

所以，在给没做过交易的公司里没见过面的对象发邮件的时候，应该事先打个电话，"因为这个原因而想给您那边发邮件，请告诉我负责人的名字"，这样来获取对方的姓名。虽然只花费了很少的时间和精力，但这之后发出的邮件被阅读的概率会更高。

⊙ 快速回复，促使对方提高速度

客户的负责人是一个悠闲的人，工作不能迅速地进展。虽然你希望对方能加快速度，但因为对方不怎么着急所以你也很为难。

对这样的对象，把他卷入你这边的快速回复中就好。人类有被对方的行为带动、在不知不觉中采取同样行为的"同调心理"，可以利用这一点。

比如，如果在商谈中出现了需要自己上司认可的事情，即便下次再回答也来得及，也要在当场打电话得到批准。这样对方那边也会立刻联系并做出回复。然后，再奉承一句"您能这么快联系，真是非常感谢"之类的。被这样说的话，谁都会很高兴的，因而工作也能快速进展吧。

构筑良好人际关系的方法

⊙ 不使用送货单，特意使用信笺

在发送工作上的文件之类的时候，附上送货单是一种礼节，若这时候使用信笺的话，可以产生各种各样的效果。

使用信笺的最大效果是，省略了商务文书必需的问候语，可以直接传达自己的观点。另外，通过发送亲笔写的信件，也可以给对方留下有礼貌的印象。

实际上，这比起用电脑等来做送货单，时间又短又简单，效果却可说是超群的。

⊙ 掌握短时间内表达的技术 — 电梯谈话

在电梯里，如果偶然遇到了一直很尊敬的人，就可以在里面表达自己想说的话了不是吗？到达目的楼层之前，长的话能有 30 秒左右。以此为条件进行的说话方式，就是电梯谈话。

电梯谈话的发祥地是美国的硅谷。据说在电梯里遇到了投资者的创业者，利用这个短时间推销了自己的计划，因而有了这个名词。如果有 30 秒的话，日语口语能说 250 个字左右。如果不能简洁且冷静地表达的话，就会错过机会。

这不仅仅可以在电梯中使用，在对待客户时，或者在联谊会上，用 30 秒来自我介绍，当作展示自己魅力的训练来练习也会有所帮助。

⊙ 比起随声附和，"立刻回应"更能赢得对方的信赖

听说擅长听别人说话的人，就会擅长随声附和。但是比起这个，会让人觉得你认真地听了对方的话并且理解了的是"立刻回应"。

比如说，"上周，我去了北海道旅行，在预约的酒

店……"这么说的时候，只是随声附和"是……是……"的人，和回应"北海道吗？""在酒店怎么了？"的人相比，就会显得立刻回应的人对这句话更有兴趣，是很热心地在听。如果这样回应的话，说话的人会变得高兴，应该会更想和你聊天。

虽说是立刻回应，但只要重复对方说的词就可以了。人们对热心听自己说话的人会抱有好感，会觉得其值得信赖。

⊙ 改变随声附和的方式，防止无用的闲谈

随声附和能够让谈话顺利地进行下去，但另一方面，在想刹车的时候也会有所帮助。

客户的负责人，一说话就停不下来，总是让人感到不耐烦。这种情况下，要根据话题的内容来改变随声附和的方法。在商谈的时候，就一边认真地点头表示"这是很重要的""我也这么想"等，一边探出自己的身体去倾听。如果话题偏离了核心，那么就减少随声附和的次数。

反复这么做的话，对方就会注意到你的关注点，跑题的频率就会减少了。这样，就可以不伤害对方的心情，还能防止无用的闲谈。

⊙ 不要无意义地扩展人脉

人在一生中可消耗的时间和能量是有限的。为了能与重要的人长久深入地使用这个时间，希望大家不要无意义地"扩展"人脉。

虽然设定好了以之为目标的真正的人脉，但无论参加多少次的聚会，能遇到一流人才的只有一流的人。扩展简单的人脉，获得的也只能是简单的人际关系而已。

并不是说要追求比自己更高的东西，而是首先要铭记提高自己的水平是构建真正人脉的最捷径。

⊙ 在办公室的中间踱步，增加交流的机会

在办公室中走路的时候，没有什么特别的理由，就会贴着墙边走，不是吗？把这个路线换成走在正中间吧。

在美国电影中有办公室的场景，主人公走在办公室的正中间和同事们欢快地交谈着。如果模仿这个的话，就会发现只要通过办公室正中间的话，打招呼的人就会增加。因为能看到大家的桌面，也就知道了大家的工作态度、内容，还能知道各自意外的一面，交谈的机会自然增加了。

从中间穿行的话心情会变得开阔，这应该也会带来很多工作上的提示。

⊙ 确定各种各样的"我的 Best 3"

在工作场合，不知道什么时候会和什么样的人见面并进行对话。看新闻和信息节目时，记住时事素材是当然的，另外，确定各种各样领域的"Best 3"会有所帮助。

比如说，确定"最喜欢的电影 Best 3""最喜欢的旅行目的地 Best 3"等。年长的人中有很多是电影迷，这样就能让谈话活跃起来吧。最喜欢的旅行目的地不是实际去过的地方也没关系，即使是想要去的憧憬的地方，也足以作为话题了。

有很多的"Best 3"，意味着你有很多隐藏的才能。另外，考虑各种各样的"Best 3"，你会发现自己比想象中的要更有知识和经验。

⊙ 比起"对不起"，要更多使用"谢谢"

"对不起"是很方便的词语。在道歉的时候、表达感谢的时候，都可以代替问候语。不管在哪一个场合，只要说"对不起"就不会失礼，也可以无功无过地度过。

但是，在表达感谢的时候不要说"对不起"，而是说"谢谢"就好了。"对不起"本来就意味着道歉的意思，是消极的词汇。相对而言，"谢谢"是积极的词汇，可以向对方直接表达感谢，能给对方留下好的印象。

因为人的行动会受到语言的强烈影响，所以希望大家日常的语言表达采用有积极意义的词汇。

⊙ "整理"不需要的人际关系

"有很多朋友""交际圈很广"……你觉得这很好，很让人羡慕吗？如果真心享受人际关系的话还好，但若是承担着不需要的人际关系，就来考虑一下这是不是一种负担吧。

朋友并不是数量越多就越好，也没必要努力扩大交往的范围。其中，有会单方面一直絮叨让人厌烦的人，也有净是占便宜拜托别人帮忙的人，还有满不在乎地抢夺别人时间的人吧。

如果停止和这些人交往的话，会让人惊讶地感到痛快。

即使被邀请，借口忙碌而不断拒绝的话，这些人就会渐渐远去。

⊙ 养成用"一句话"来表达的习惯

在向别人传达什么的时候，说"那个……对不起。其实，我……"之类的话，对方就已经不想再听了。吞吞吐吐犹豫不定的说话方式也在夺走对方的时间。试着把想传达的事情用"一句话"来表达吧。

当然，不可能真的一句话就够了。首先，要选一个自己想说的核心关键词。为了选出这个词，必须要放弃很多其他的词，但也会注意到这很多其他的词都是不必要的。

接下来，试着尝试以关键词为中心说上一分钟左右。然后你会发觉，几乎所有的事情都能归纳到一分钟里。这样，就形成了简单明了的说话方式。

⊙ 掌握"利用权威"的技巧，接近目标

想得到别人的支持的时候，利用一些权威的话也是战略之一。利用权威，可能会觉得这么做很狡猾，会不想做

这样的事。但是，不必特别在意这一点，这不过是一般人都会用的方法。

我们在展示统计结果和数据时，会说"如这个数字显示的一样"，或是提起上级的名号——"前几天，某某先生这样说了"吧。这就是利用权威，并不是特别狡猾的方法。特别是面对单靠自己有困难的目标时，只要巧妙地利用权威的话，就可以不绕远地接近目标了。

⊙ 在对话中加入对方的名字后，拉近距离

说话的时候，不时地提起对方名字的话，会给人留下很好的印象。例如，不要只说"是啊"，而说"是啊，某某先生"；不要说"您是怎么想的呢？"，而说"某某先生是怎么想的呢？"之类的。

人对自己的名字怀有爱，被呼唤名字的话，大脑就会敏感地做出反应，会觉得自己作为个体被特别对待，从而对叫自己名字的对象产生亲近感。

在商务场合会和很多人相遇，记住对方的名字是最基本的，如果从初次见面的时候就提起对方名字的话，也有更容易记住那个人名字的效果。

⊙ 想得到上司的信任，比起"报联商"更要"商联报"

对于上司来说，报告、联系、商谈的"报联商"是很重要的。但是，如果想让工作高速进行，比起"报联商"，应该实践的是"商联报"。

商联报是以"先商量，然后联系，再报告"的顺序来进行工作。在着手做什么的时候，首先要和上司商量。如果不想被人说这都不明白的话，就问他"这样推进可以吗"，确认大致的流程和方向。然后，就中途过程和自己的对策详细地与上司联系并取得理解。最后在接近完成的时候进行报告。

这样的话，就不会因为和上司的认识出现偏差而在错误的方向上推进工作，因为——联系得到了理解，所以也不会陷入独断专行，可以避免陷入从头再来的模式中，规避这种危险性。

⊙ 看清上司和领导的"能力"与"干劲"

看清上司和领导的"能力"与"干劲"，对个人而言是自然的。为了提高全体团队的工作效率，好好地看清上司、领导并进行妥善的应对也是必需的。这个时候，要看的重点是"能力"与"干劲"。

比如，能兼备这两者的上司或领导是理想的；对于没有"干劲"的类型，希望你能自己找他进行积极的商讨。

另外，既没有"能力"也没有"干劲"的类型是需要注意的；但最坏的是没有"能力"只有"干劲"的类型，在这样的上司或领导的身边的话，应该考虑离开。

⊙ 不抱着"那家伙不可用"的态度，而是掌握用人的能力

在评价某个人的时候，有的人会表示"那家伙不可用"，但这只不过是在宣扬"自己没有用那个人的能力"而已。

性格不合的人一定会存在，由于对方有难以理解的行为或言论等，有时会不由得想要责备对方。

这种时候重要的是转换想法。不是考虑"那家伙不可用"，而是"想要掌握使用那个人的能力"。希望大家能通过提高自己的技能这种积极的想法，来控制负面的感情。

⊙ 做上司或领导，要有把工作全权交给下属的勇气

上司或领导对所有事情都做指示的话，整个团队的成长就会停滞不前。因为这样不仅失去了让部下、成员成长的机会，而且会把负担集中在上司、领导的肩上，不出多久，这种行为就会超过所能承受的极限。

为了避免这种可能导致队伍崩溃的危险情况，上司或领导必须要拿出把工作全权交给下属的勇气。

即使是感觉自己来做会比较快的工作，一旦决定了交给下属的话，就安静地注视着，保持一个促使下属成长的姿态是很重要的。

⊙ 上司一定要给下属的邮件回信

对下属的报告进行认真的回复，可以说是上司应该做的最基本且重要的工作。

对下属发来的邮件也是一样，直接做判断的邮件自不用说，报告邮件也必须要回复。

如果不做回复的话，下属就不知道你是不是读了邮件，他所报告的这项工作是不是明确地完结了。上司对报告邮

件回一个简单的"了解"，下属报告的这项工作就算完结了。就算是为了节省无用的"待机时间"，也请一定要实践这一点。

⊙ 下属说"怎么办才好呢？"回以"你觉得怎么做才好呢？"

如果上司对下属"该怎么办呢？"的所有提问都予以回应的话，上司不管有多少时间都不够用。

因此，对于这种商量，请注意一定要回复"你觉得怎么做才好呢？"

如果问他，你接下来应该怎么做，让他养成自己考虑改善策略的习惯，下属的商量自然会变成"我想这样做，可以吗？"结果，不用说，上司的工作效率会提高，还可以收获培养下属的效果。

⊙ 对下属做指示，一定要加上"因为"

只要稍微改变下指示的方法，就能使下属干劲十足。

这时的重点是交代清楚"工作的目的""重要程度"和

"选你的理由"这三点。

例如，在请求对方输入数据的时候，首先传达"这是下周会议中必要的资料"这一工作目的，接着是"有要对公司以外的人保密的信息"这一重要程度，最后是"拜托不出差错的你"的理由。

只是这样加入三个"因为"，就能引发被指示者的干劲，会创造出减少工作失误的好循环。

⊙ 指示的人也要记笔记

上司指示的事，下属要记笔记是理所当然的。但是，做指示的一方，也应该把自己的指示做个"记录"。

忘了自己说过的话，改变话题，结果被指出来就生气了……在这样的上司身边工作的下属们，也会失去拼命努力的心情。

但是，上司如果也做笔记的话，就不会忘记自己做的指示，用笔记来整理头脑中的指示，这样发出的指示就会是准确的。抱着对自己的话负责任的心情，或是确认下属的工作进展情况，或是对下属表示关心。这样的话，即使是下属也会有"我要努力"的心情，不会偷懒或糊弄，而会认真地工作了。

⊙ 把工作"手册化"，提高团队的工作效率

如果自己患了急病，请假不上班的话，工作会怎么样呢？以前有同事突然休息的时候，因为全都是搞不明白的事，周围的人必须要到处补缺处理，导致整个部门的业务都放缓了……为了避免这种情况，必须将工作"手册化"。

在手册上，要写清即使不是工作负责人也能据此来完成工作的程序和检查点。为了让新人也能理解，要解释清楚每一个流程有怎么样的意义。

队伍的全体人员都能看到手册，能够指出不足的部分并使手册经常保持更新的话，就可以通过手册来提高团队的工作效率，为应对麻烦做准备。

⊙ 说"请给我3分钟"，确保上司的时间

请注意和上司搭话的时机。上司好像很忙，不想给他添麻烦时，是不是以"打扰您一会儿行吗"这句话开始的呢？

把这句话换成"请给我 3 分钟"吧。这样的话，上司就会转变为"3 分钟还好"的聆听姿态。不是 3 分钟的话，也可以是 1 分钟。总之，通过拿出具体的数字来打消上司的警戒心，就可以确保谈话时间。

工作报告大多在短时间内就可以完成，即便话很长，若是有应该听的内容的话，上司也会就这样继续听下去，或是会另挑一个时间认真地聆听吧。

⊙ 故意打马虎眼将对方的期待值降低

人在看到超出预期的结果时，会因为惊喜提高对对方的评价。利用这样的心理，如果最初降低对方的期待值的话，只要拿出普通的成果，就可能得到比平常更高的评价。

比如，被上司问："这个工作什么时候能做完？"即使是一天就能完成也要回答"要花两天"。然后，如果一天完成工作并提交的话，上司的评价就会变高。

事先把对方的期待值设低，如果延迟了工作日期，或是交货数量不足等，也能作为以防万一的风险缓冲。

但是，如果一直降低期待值的话，对方的评价就会降低，所以把这当成关键时刻时使用的技巧就好。

⊙ 在报告和简报中把重要的事情归纳为三点

把重要的事归纳为三点，能很容易地传达给对方。这是因为人在脑海中一次能存储的记忆数量以三件为限度。

所以在准备报告和做简报时，也要注意把重点整理为三点。这样的话，即使不做特别的备忘录，也可以在对方的记忆中留下信息。

当然，传达的要点可能会变成四个，但在这种情况下，说不定就会有被遗忘的可能性，希望大家能注意。

第四章

提高工作效率的整理术

告别混乱文件、资料的整理术

⊙ 使用分账簿来对收据和收款条做简单管理

不少人把收据和收款条塞进钱包里，把经费的结算推到日后再做。但是，一旦这么做的话，不仅会增加分类时间，也会导致由于丢失收据等原因而无法报销垫付金额的悲剧。

这里，推荐使用分账簿来做简单的管理。在把一个月分成 31 天的分账簿中，只把当天的收据和收款条放进去。如果每天不间断地放入分账簿的话，那么结算经费的速度和效率会切实地提高。

⊙ 看过的文件要立即处理

　　看过的文件不要放在桌面上，应该马上收拾起来。桌子上乱的话不仅仅会让工作效率变低，多次重读相同的文件，也会浪费时间，所以希望能马上实践这一点。

　　对总是不知不觉就忘记收拾的人而言，首先要决定的是整理的规则。比如说，个人使用的文件放到抽屉里，部门使用的文件放到书库里，不需要的文件丢进垃圾箱里，要按照文件的特性来决定整理后的放置场所。希望能把看过之后就立即整理这点养成习惯。

⊙ 将分配到的资料立刻写上日期并管理

　　如果不想在紧急情况下到处乱翻，管理资料的时候可以按照时间顺序来进行分类。

　　认真阅读资料并根据其内容进行分类的话会花费时间，如果把分配的资料立刻写上日期，这样机械地进行分类的话会很有效率。

　　可以把写了日期的资料，与同一天得到的资料一起放到透明文件袋中管理起来。并且，在这个透明文件袋上也贴上填写日期的标签，如果按日期顺序排列管理的话，就可以马上判别是什么时候得到的资料。

⊙ 商务文书不用通读，采用"选读"法

在公司内或是部门内，每天都会有很多文件，但如果把发来的文件从头读到最后的话要花费很多的时间。因此，要掌握只读有需要部分的"选读"诀窍。

首先，对自己的业务所需要的部分，必须要精读来把握内容并反映在业务上。面向全体人员的文件，则只需注意到重要的部分，采用"选读"法就够了。

另外，也有没太大必要的文件、有时间的时候跳着读就可以的文件。这样的东西，只要看看题目就足够了。

刚开始的时候，说不定会感到这样做区分很难。但是如果习惯了的话，瞬间就能判断出来了。

⊙ 把文件处理一次做完

工作的时候，会不断地送来文件。想着过一会儿再看的时候，下一份文件就又送过来了，这样桌子上就会堆满

了文件。如果不想这样的话，一次处理完文件就好了。

有重读必要的，或是需要深思熟虑的文件其实意外的少。确认了内容的话，就马上回复或是传给下一个人。如果有必要的话，就寻求上司的裁断，把废弃的文件进行处理。这样，就能入手新文件了。

如果决定了要"一次处理完"的话，就可以从文件山中解放出来，能在宽敞的桌面上把注意力集中到应该做的工作上。

⊙ 如果把文件按主题分类的话，要尽可能"扩大化"

整理文件的时候，以主题来分类是基本形式。但是，如果把主题分得太细的话，以后找起来会很辛苦。

细分的话找文件的时候似乎会很方便，实际上却是相反的。比如说，关于新商品的广告，召开会议时的文件应该放在"商品""广告""会议""营业部""宣传部"哪一类里呢，能马上想出来吗？另外，如果仔细分类的话，下一级主题，以及再下一级主题，应该分类的事情会不断增加。

我觉得可以把主题定为"公司内""公司外""其他"，如果觉得有必要的话，从这里再做区分就行了。

⊙ 重要文件必须备份后再发送

日本的邮政和快递，是世界上最优秀、最准确的。即使如此，在送重要文件时也不要使用普通邮件，而要用挂号信，慎重起见，还要备份一下。

这世上，谁都不知道会发生些什么事。如果在运输过程中丢失的话，很难计算文件的丢失会造成多大金额的损失，就算要求赔偿损失的话，也不知道能否被承认，而且办理申诉的手续还要花费很多的时间和精力。

在现代，因为有了复印机和扫描仪这样方便的机器，所以要备份是非常简单的。不能因为舍不得这个工夫，而在之后追悔莫及。

⊙ 把纸统一成 A4 大小，整理起来就会很顺利

虽然无纸化办公在推进，但纸质文件还是占用了办公室里很多空间。如果要整理这些文件的话，那么将纸的大小统一为 A4 就好了。

文件中有很多是 A4 尺寸的，但也有 B4、A3 大小的，还有明信片、问候信等小尺寸的东西。大尺寸的文件很沉

重，叠起来就得逐个展开。小尺寸的东西，就很容易丢在什么地方。因此，使用复印机的缩小和扩大功能，把所有文件全部变成 A4 尺寸。这样做的话，文件整理就会变得容易，收纳用的纸夹和纸箱也可以统一尺寸，这样就不会浪费空间。

⊙ 透明文件袋能提高搜索效率

使用透明文件袋可以很方便地对大量文件进行整理、分类，但仅仅把文件装进文件袋是没有意义的。为了缩短找到目标文件的时间，花上一些心思，就能把透明文件袋变成真正意义上的便利工具。

例如说，根据文件的内容按照颜色来区分文件袋，或者贴上标题标签，可说是提高搜索效率的基本。另外，希望能把用于查找的标题标签，配合工作的实际情况，设置得简洁且具体。

想要进一步提高搜索速度的话，推荐使用附笺进行更详细的分类。

⊙ 把文件全都做成 PDF

无论怎么整理，纸质文件都会占用空间，搜索效率的提高也有上限。那么，把所有的文件都做成 PDF 也是一个办法。如果使用办公室的复合机的话，将文件做成 PDF 也很简单吧。

除了必须使用纸质原件来保管的东西以外，重要的文件当然不必说，当下不能判断是否重要的文件，只要不是要废弃扔掉的文件，全部都做成 PDF 就好。如果把文件名设置为日期或文件的简单内容，那么在必要的时候就可以使用电脑的搜索功能瞬间找到。

⊙ 桌面上只放正在进行中的文件

如果即使启动了电脑也很难找到目标文件和数据，从工作一开始就很烦躁的话，就试着整理一下桌面吧。

桌面上不使用的软件的图标，以及做完了的工作的文件夹，看起来不觉得乱糟糟的吗？这也会成为耗费时间的原因。

桌面上的图标、当时在做的工作文件和大分类的文件夹等，最多不超过 10 个，就能顺利地开展工作。如果把电脑桌面按照字面意义理解为桌子的话，就不会放没用的东西。这样的话，心情也会变得很舒畅吧。

⊙ 用"3秒规则"来判断是否该扔掉

每天都会收到很多文件、资料和邮件。电脑里也会有很多的电子邮件和数据。虽然想等积攒到不能再积的时候处理，但有可能还会再使用。

解决这种烦恼的是花3秒来判断"需要"还是"不需要"的"3秒规则"。

也许会觉得3秒太短了，但再多想的话得出的结论也是一样的，思考的时间就被白白浪费了。会感觉犹豫的话，也就是说那东西太长时间不用了，是不需要的东西，即使处理了，也不会感到困扰。

⊙ 如果犹豫是否该扔掉，就做个"整理"文件夹

如果使用"3秒规则"来做决定，有人会觉得，自己总有一天会扔掉重要的东西，因而感到不安吧。如果这样的话，就要制作以"整理"为名的文件夹，然后把不好下判断的文

件和当下有必要的文件、数据之类的扔进去就可以了。"整理"文件夹可以是透明文件夹，也可以用纸箱。即使是电脑里的文件夹也没关系。这样做可以达到让桌子和电脑桌面保持清爽的目的，也可以消除不安，是很好的办法。

电脑初始安装的某个软件的文件夹等，还有虽然不会使用但担心删除后会引发问题的东西，都可以放在这个"整理"文件夹中。

"烦恼"这种无用的行为，即使是一丁点儿也希望大家能够免除。

⊙ 所谓整理，是为了节省"寻找东西的时间"

如果明明桌子和周围都整理得很干净了，却不是没有这个就是没有那个，经常需要找东西的话，那就说明不是真正意义上整理过了。

虽然把眼睛能看到的地方的东西收拾了，抽屉里却乱七八糟的。架子上排列着文件和资料，但也只是排列了而已。即便如此，也没必要责备自己。因为有了想收拾的心情，所以只要往前走一步，达到"需要的东西能马上取出，无论何时都可以使用"的状态就好了。

最快的信息整理秘诀

⊙ 不读报纸和网络的报道，读"重点"

上班之前看报纸和网络信息是常事，但读遍所有内容要花好几个小时，所以有必要掌握读要领的窍门。

首先必须要看的是头版的报道，这里登载着最重要的信息。另外，任何一面的报道都是由大标题、小标题，以及正文摘要组成的。所以，瞥一眼头版的报道和其他报道的标题和摘要，那一天的话题首先就能确定了。网络报道也大体一致，看了标题和摘要的话，内容就可以了解了。

无论是对于报纸还是网络，在某种程度上，想继续阅读的话，都能选择出需要详细阅读的文章。不要只读

一个报社、一个网站的文章，读更多的文章来做比较才
是达人。

⊙ 是不是应该读的书，根据第一章和结尾章就能下判断

从很多书中选择自己应该读的书是很难的。要清楚自
己是抱着什么样的目的来读书的，要追求什么样的知识。
如果是商务书的话，从标题和作者经历中，一定能在某种
程度上做出筛选。

如果拿在手上的话，就试着读一下第一章。在很多书
中，第一章中都写了作者最想说的话，或是和其他书的不
同之处、这本书独有的内容等。如果觉得读起来困难，或
者不是自己想要的书，那就不要再读下去了；如果觉得好
的话，接下来就看最后一章。因为最后一章是对作者想说
的话所做的总结，因此可以判断出是否该读这本书。虽然
也有人认为书必须要通读整本，但也可以不必考虑得那么
认真。

即使稍微读一下就停止，也能知道这本书是不适合自
己的，没有必要抱有罪恶感。

⊙ 只对要使用的信息进行"取舍"

读报纸或杂志，从中提取工作所必要的信息时，不要花时间把所有内容都看一遍，而只要对要使用的信息进行"取舍"。

掌握这一诀窍，养成抓住报纸和杂志要点的习惯是很重要的。如果是利用互联网的话，也可以检视一下值得信赖的新闻网站的标题。

另外，贪图信息量的话负担会很大，所以信息源要精简到 3 个。通过比较真伪，可以防止信息的偏颇。

⊙ 放弃"无目的的信息收集"

在收集信息时最不可以做的是"无目的的信息收集"。即使这样去做了，最终还是会拿不出任何成果。

仅仅是做调查的话，就无法与接下来的具体行动联系在一起。重要的是，在收集信息之前，首先决定"要调查什么""什么才是最重要的"。其次不要忘记，把收集的信息按照自己的方式进行加工，添加附加价值，这样才能让信息变成有意义的东西。

⊙ 在名片上记录信息，顺利地进行会晤

对商务人士而言，交换名片是不可或缺的。但是，若是名片一味地增加，会变得不知道是谁的名片。

如果收到名片，在空白和背面写上与那个人见面的日期、事件、印象和对话内容等信息的话，下次见面的时候，这些记录就会成为顺畅谈话的契机。越早写下来越容易记忆，之后做数据整理也会很轻松。

不想直接写在别人名片上的话，可以写在附签上，然后贴在名片上就可以了。

⊙ 名片以索引＋时间线来分类

交换名片是商务礼仪，如果收到的名片不好好保管、管理的话，日后需要用的时候就会很辛苦。

要问如何管理名片最妥当，可以说以索引＋时间线两个阶段来归类的方法是最妥当不过的了。

进行分类的程序是，首先把进行名片交换的聚会和契机做成索引进行分类；之后，在那个索引中，按照与对方相遇的时间线来进行排列。这样一来，想要寻找的时候，

就能迅速地取出所需名片。

⊙ 每个月进行一次信息盘点

文件、资料，电脑中的邮件、数据等，信息总是一味地越积越多。虽然知道有很多不需要的东西，却很难扔掉并感到为难。那么，设定每月一次的信息盘点日便好了。

在每个月的开头或结束，选择一个自己空余时间比较充裕的日子，在日程表上明确地记上"信息盘点日"。然后，那天一定要实行整理。即使那一天很忙，也不要拖延到下一个月，要在之后不久的某天整理好。

如果养成了习惯的话，就试着呼吁周围的人也设定信息盘点日。团队一起进行的话，成果会更好。

⊙ 收到很多信件时，把里面的东西都拿出来，"一口气读完"

在办公室每天都会收到很多信件，但如果一封一封打开的话，会花费很长时间，在处理之前就会感觉压力很大。

　　这时就需要大致分出固定尺寸的信封和其他形式的信件，用手捋好，将上边对齐，一次性全部撕开后将里面的东西取出来就好了。特别是商务文件大部分都是 A4 大小，信封的大小也类似，整理好打开很容易。

　　把广告邮件等不需要的东西排除出去后，就可以一口气读完再一并处理了。如果想着以后再处理的话，信件就会一直堆积下去。如果不想在桌子上筑起信件山的话，就把"一口气读完"和"一口气处理"作为铁则。

稍加整理，就能节省时间

⊙ 只在桌面上放一个项目

即便在多项工作同时进行的情况下，桌面上也要缩减到只放一个项目。因为，各种项目资料在桌面上杂乱放置的状态下，注意力会被削减。

而且，在寻找工作所需的文件时，会浪费时间和精力，所以在办公桌上，原则上只应放这时的工作所需要的资料。

进行中的工作，所需要的资料也有很多，在这种情况下，可以用透明文件袋将其归纳在一起，确保桌面的工作空间，这也关系到工作的效率化。

⊙ 让桌面上的东西和文件全都"起立"

看到杂乱的桌面，就会发现文件、档案、文具等，总之东西都是躺倒的。如果东西都横着放的话，就会很占空间。因此，由于没有放置下一个东西的地方，就会在横放的东西上面再横放，然后在发生"雪崩"之前继续高高地累积。

如果想整理桌子的话，就要让所有东西都"起立"。立起来会不那么占用空间，可以让桌面变宽广。而且最重要的是，可以减少在寻找东西上所浪费的时间。

⊙ 把抽屉设置成公文格，使用会很方便

为了提高工作效率，需要好好地利用办公室的办公桌。虽然需要下功夫的点有很多，但基本上按照"经常使用的东西放在近处，不怎么使用的东西放在远处"的规则进行整理是重点。

特别要注意的是抽屉的使用方法。为了避免把资料和文具随意地扔进去，本着容易拿取的办法来整理是很重要的。如果用公文格设置隔断的话，在抽屉内也能制造出靠

近（附近）和深处（远处）的设计，就可以根据使用频率，实现方便的收纳了。

⊙ 把正在做的工作通过三个公文格实现可视化

现在，为了把握自己正在努力的工作的流程，保证工作顺利进行，有必要让工作进程可视化。

这里很重要的是整理资料的方法。根据资料的内容，以怎样的优先顺序来处理才好呢？为了看一眼就能明白，准备三个公文格然后分组就可以了。

此时，贴在公文格上的标签要写上"未处理""处理中""处理完毕"，根据工作的情况进行分类。这样，工作的优先顺序就实现了可视化，因而能够更迅速地进行工作。

⊙ 考虑好每一个抽屉的"内容"来收纳

明明桌上收拾得很干净，却不知为什么总是在找东西。这种人的抽屉里要么是乱七八糟，要么乍一看很整齐，其实却不清楚什么东西在哪里。抽屉不是单纯的仓库，也不是散落东西的避难场所。

通常，办公室的桌子会配备有四个抽屉，也就是在桌面下的浅而宽的抽屉和右侧纵向重叠的三层抽屉。

这些抽屉之所以会在那个位置，之所以会是这样的大小和深度，它们每一个都是有意义的。考虑到这一点进行收纳的话，就不会只是"放进去就完事了"，而会使它们成为可以使用的抽屉。

⊙ 把浅抽屉当作暂时的"保管托盘"

总是不自觉地往桌面下那个浅而宽的抽屉放东西。但是，把这里定为"什么都不放"——不可折弯的大文件、长的规尺等是例外——的空间，是纯熟掌握桌子全部四个抽屉使用的诀窍。通常这个抽屉基本是空的。

如果在做不太想让人看到的文件工作的话，离开座位的时候，把那个空间当作保管场所。另外，到了下班时间，如果把工作文件原封不动地放在那个抽屉里的话，第二天早上马上就能拿出来继续做。等工作结束了，别忘了让那个抽屉回到空空的状态。

⊙ 上层抽屉放入使用频度高的项目

桌子右侧上层的抽屉是最容易使用的，所以很适合放置笔记用具、便签、回形针等每天都要使用几次的物品。把使用频度高的东西平放在跟前，就能马上拿取。

每天使用的文具盒中有很多细小的东西，一天要开关好几次。因为不可以使其产生振动而散乱，所以要使用整理托盘和隔扇，如果养成放回到同一个地方的习惯，就可以顺带整理了，一石二鸟。如果放得太拥挤的话，里面的东西就会变得很难取出，让它稍微宽松一些就好了。很多人会把钥匙放在里面，印章和其他重要的东西也可以放在这里。

⊙ 对于中层抽屉，要利用其"深度"来收纳小东西

因为桌子右侧中间的抽屉有适当的深度，所以可以把切带器之类尺寸的东西，或者上层抽屉里使用不上的文具、发票、信封、计算器等小物件放进去。如果把它们竖起来的话，从上面就能看清楚也容易取出，因为看一眼就能明白发票和信封的剩余量，所以也可以防止忘记补充。

虽说有深度，但如果把文件重叠在一起横放的话，马上就会不知道到底放进了什么东西。一旦变成那样的话，就又会变成从上面开始无秩序地塞进东西的结果，要引起注意。也有人认为，这里应该完全空置，当作放笔记本电脑和其备用品的专有空间。

⊙ 下层抽屉做分类，纵向收纳

桌子右侧下面最深的抽屉是保管文件的地方——不是完全处理完毕的文件，而是还需要用的文件。如果可以的话，全都统一使用 A4 大小，在纸夹和文件盒中做分类，从上部可以看到它的标签。虽然分类的方法因人而异，但也推荐以"上个月的文件""本月的文件""下个月的文件"这样的时间顺序进行排列。对于上个月的文件，能很容易决定是处理掉还是移动到仓库里，这样文件就不会堆积了。

另外，先把最前面的文件盒清空，只把现在着手的工作文件和资料放进专用的空间里就好了。如果这项工作结束了，就把它移到纸夹或文件袋里，这是个不会浪费时间和让工作停滞的方法。

⊙ 决定"固定位置",使用过的东西一定要放回同一个地方

每个人都希望桌子和书架一直都很干净整洁。既然这样想,就要决定好东西的"固定位置",一定要把使用过的东西马上放回到同一个地方。

需要注意的是,像文具之类的小东西,如果想着"马上就又会用了""也不怎么占地方"而乱放的话,就会把文件和档案摆在上面,在寻找"那支笔放哪儿了"的时候,文件和档案都会被乱丢出去,又变得乱七八糟了。

虽然使用后马上放回去会觉得很麻烦,但从文件山中寻找出来要更加麻烦而浪费时间。把固定位置设置在使用起来最方便的地方,选择死守它吧。

⊙ 早晚各整理 15 分钟

虽然想把桌面收拾干净,但或是档案越来越多,或是需要查看的文件有很多,很快就又乱了。这样的话,就给自己制定早晚各整理 15 分钟的规则吧。

扫除和整理时,因为想着要归类一下,心情会变得沉

重，不知不觉就拖延了。决定只在早晚整理 15 分钟的话，即使在这个时间内没结束，也要干脆地停止。这样的话，下一个 15 分钟的动力就会提高，会急切期盼下一次整理时间的到来。

早起时是为了工作能抱着冲劲儿，傍晚时是为了第二天的工作能顺利进行，这样想着进行整理就行了。

⊙ 桌面干净的话，工作能够顺利开展

桌面干净的话，看起来会很舒服，也会给周围的人留下好印象。但是，事情不仅如此。干净的桌面，还能让工作效率提高。

首先，当桌面很干净的时候，着手进行工作时就会怀着积极的心态。其次，因为已经整理好了，所以马上就能知道需要的东西在哪里，找东西的时间就能节省下来。

在现代商务中，处理多项业务已经成了必需要求，而干净的桌面随时都可以迎接下一项工作。如果是一个杂乱无章的桌面，收拾起来就要花费时间，把做了一半的工作整理好也需要花精力，因而不能应对紧急情况。

⊙ 拍摄完美状态时的桌面照片

即使整理了桌子也会很快就又乱了。这时，推荐拍摄一张整理好的干净整洁桌面的照片。

如果在智能手机上拍摄的话，就把它放在电脑里，弄成不管在做什么都能看到的状态。然后，在桌面又乱了的时候，可以看一眼这张照片。

干净的桌子只要看一看就会心情很好，因为会回忆起来整理好时的爽快感，整理的动力就会提高。另外，因为拍摄了完美的物品放置场所，所以只需要把使用的资料和文具放回那里就可以了。不仅拍摄桌面，拍摄抽屉里面也很有效果。

⊙ 带着动线① 意识来布置办公桌和工作间

要提高工作效率的话，就把桌子和工作场所整理得容易使用，这一点是很重要的。整理的要点是，能以最近、

———————————

① 动线：建筑与室内设计的用语之一，意指室内的活动路线。动线的流畅性决定了活动转换的流畅程度。

最小的动作来进行工作，要带着动线意识来布置。

为此，首先要分析自己的工作，然后从频繁使用的东西开始。根据分析的结果，要把最常用的东西放置在不用站起来就能拿到的地方。然后，根据使用的频度，从距离自己近的地方向距离自己远的地方排列。另外，在办公桌周围，要考虑自己是左利手还是右利手来布置陈设。

⊙ 消耗品以外的物品，有一个就足够了

规尺、磁带之类的，工作上使用的文具各有一个就足够了。多余的东西尽量不要有。

节约空间自不必说，整理也会变得更简单，可以节省打扫的时间。如果身边没有散乱着多余的东西的话，就能在注意力更集中的当下工作了。

但是，包括消耗品在内，如果它坏了会对工作造成很大障碍，像电脑之类的物品有好几台也没关系。

⊙ 包里一个月不使用的东西要整理掉

随身携带沉重的包是造成疲劳的原因，还直接关系到精力的浪费。因此，在商务活动中使用的包，要注意只放最低限度的东西。特别是尽管放在包里但一个月却没用过的东西，可以判断为今后也不会使用。不要再随身携带它们走路，实现轻量化。

不要为了图安心而又带这个又带那个，那种在便利店之类的地方就能马上买到的东西，等有需要的时候再买就可以了，快来进行整理吧。

⊙ 包里的东西要在一天结束后重新整理

包内只放当天使用的东西是通用规则。因此，在一天结束时，请一定要重新审视包里的东西，当天没有使用到的东西不留到第二天。把这一点养成习惯。

另外，放入包里的东西根据使用频度分成"没有的话会很为难""有的话会方便"和"没有也没关系"这几种。然后，根据这个内容分成"经常放进去""按需要更换""绝对不放进去"这几类就会很方便了。

⊙ 按使用的顺序来设置包内的文件

为了不陷入没一会儿就找不到重要的东西，外出时在包内乱翻的困境，经常整理包里的东西是很重要的。为了聪明地用包，我想提几个要点。

首先，包里的东西要纵向放置，用眼睛就可以确认哪里有什么东西是基本点。其次，文件，特别是策划案，要放在透明文件袋中；小东西要放在透明包之类的东西中。越是使用频度高的东西，越要安排在容易取出的地方。这样就完成了包的整理。

⊙ 使用"包中包"进行包内整理

包里除了文件、平板电脑、智能手机、钱包、名片夹之外，还有数不清的很多东西。包内部有很多细致的隔层和口袋，虽然能够很好地收纳，但是访问不同的地方时，必须要替换里面的东西，忘记的话就要手忙脚乱了。

对这样的人群，推荐使用"包中包"。这是一种有很多小隔层的小型包，用轻柔材料做成，可以放在大包里面使用，随身带着很多小小的化妆品的女性经常使用，但也有用作商务的情况，能巧妙地收纳众多的商务用品。

想要换包时，可以把包中包直接放在新包里面，十分方便。

⊙ 制作出差时的"随身物品列表"

收拾出差的行李需要花费时间，是很麻烦又颇费时间的工作。到了出差地才注意到遗忘东西的话，会感到很焦急，所以一定不要忘带东西。

要根据住一晚还是两晚来分别准备"出差物品列表"，在把东西放进旅行包的时候就在列表上画上确认记号。要是经常漫不经心的话，像智能手机、笔记本等直到前一天还一直使用的东西，出差的时候没带的话就完蛋了。

像这样的东西在列表中要特地醒目地标出来，前一天晚上就要放到那天用的包里面。而且根据对象和季节的不同，随身携带的东西多少也会有所变化，所以在列表中要留下空白以便添加。最好把这个列表用厚纸写下来，放在旅行包里。

第五章

更上一层的数字活用术

知道了就能派上用场的电脑工作时间缩短术

⊙ 使用电脑的清理功能让运行加速

电脑运行变得迟钝，原因大多是在硬盘上积累了不需要的文件、软件、临时文件等。因此"清理"是很重要的。

操作方法是，在 Windows[①] 系统内，点击"开始"菜单的"搜索程序和文件"栏，在栏中输入"清理"，再点击显示列表里的"磁盘清理"，这是比较迅捷的办法。选择要删除的文件，按下"OK"按钮的话，任务就完成了。

———————————

① Windows 10 版本以上。

定期进行清理的话，可以让电脑保持快速运行。

⊙ 制作创意宝箱——"自己的文件夹"

在电脑中制作"自己的文件夹"的话，对思考策划案等非常有用。

里面放入的是自己做的策划案、创意笔记等，只要是有关工作的文件放什么都没关系。如果积攒了好几年，那么一旦有需要，稍微改变一下那些数据，马上就能做出新的策划案。

制作"自己的文件夹"的要点是，按项目把数据进行分类。如果是经历数年积累的数据，想找到需要的信息就会很辛苦，如果制作了目录的话会更容易查找了。

⊙ 电脑的文件夹不要建得"层次太深"

使用电脑文件夹来管理数据是很方便的。但是，想要使用数据的时候，如果不知道进入哪个文件夹查找的话，会比纸质保存更麻烦。

因此，用文件夹来管理数据的原则是，不要建得层次太深。层次应该在磁盘根目录下有1—2个，之后就请不要再深入了。因为层次过深的话，必须要点击好几次才能到达，这会成为找不到文件的主要原因。

⊙ 马上找到文件的命名规则

想寻找文件时使用搜索功能就行了，不过，想这个时候一下子找到文件的话，就要按照命名规则好好地给文件起名字。

例如，以"顾客名 + 文件名 + 文件制作日期"这样的方式来起的名字，即便在团队共享文件的情况下，也是谁都能明白的理想名称。

另外，为了不在同一个电脑中制作相同名字的文件，一定要加入顾客名。顾客名使用简称的话，就会存在各种疑似的名称，统一使用正式的商号就行了。

⊙ 快速显示必要的文件夹和文件的技巧

对于工作中经常需要用的文件夹和文件，如果一个一个地寻找，或是不断点击到很深层的话，不能说是聪明地利用时间的方法。因此，希望你能尽快地显示出必要的文件夹和文件。

在 Windows 7 之类的版本下，经常使用的文件会在开始菜单的上部留下痕迹。此外，在 Windows 8.1 以后的版本，工具栏里添加了"快速启动"的功能，如果把所需的文件夹或文件添加到该部分，就可以通过一次点击来完成显示或启动。

⊙ **把可以再利用的文件保存在专用文件夹中**

在商务场合中，虽然会交换大量的邮件和数据，但是每次都从最初开始做邮件和数据的话，就会花费很多时间。应该把可以再利用的东西彻底利用起来。

可以再利用的东西，用"再利用文件夹"保存起来，以后就容易找到。当然也可以以客户、项目来给文件夹分类，这会很方便。但也可能会对其他的客户或项目进行再利用，所以粗略地起个"再利用文件夹"的名字，就方便在更广阔的范围内使用了。文件以"日期＋资料名"来命名的话，会方便查找。

比如说，有"20170917＋顾客的年龄层"这样的情况。

取用后修改、使用了的话，就再更新为那天的日期，然后保存下来。"再利用文件夹"是越用越方便的存在。

⊙ 把大量的文件一次性"连续编号"的方法

在整理大量信息的时候，采用"连续编号"是铁则。但是，一个一个修改大量的文件名，可能会让人觉得很费事。但不需要担心，有一种办法可以一次性解决。

操作步骤是，首先选择想要连续编号的文件，并按下 [F2] 键。这样的话，最后的文件名就会发生变化，变成可以变更的形态，这时输入这组文件共同的名字然后按下 [Enter] 即可。所有的文件都会是同一个名字，末尾会在显示（1）（2）……这样连续号码的状态下一次性变更。

⊙ 以防万一地认真保存文件

明明写了一份文件，却不小心删掉了；在整理资料的时候，由于系统故障，电脑瘫痪了。这种问题不知道为什么在工作完成之前会经常发生，也偏偏在这种时候总是没有保存文件。这或许是因为就快完成了，所以忽然掉以轻心，然后随着工作不断地推进，不知何时就忘记应该认真地保存文件而引起了悲剧吧。

如果不想把之前的辛苦化作泡影，那就要把每隔30分钟就认真地保存一次文件确立为自己的规则。另外，如果不是机密性很高的业务，用公司内的任何一台电脑都可以下载的话，就可以应对电脑故障了。

⊙ 把附件密码设定为对方的手机号码

在邮件中发送附件的时候，可以设定打开那个文件的密码。在同一封邮件中把密码写上的话没什么安全意义，但是如果另寄一封邮件的话又很费事，而且不小心忘记寄出另一封邮件的话，有可能会被等得不耐烦的对方催促。

因此，如果知道对方的手机号码，就把附件密码设定为对方手机号最后4位。并且，如果在添加了附件的同一封邮件中写密码是"某某先生的手机号末尾4位"的话，则只用寄一封邮件就可以了。虽然使用公司的电话号码作密码也可以，但是公司的电话号码被写在签名栏里的情况很多，谁都有可能打开文件，所以很危险。

对于写手机号码也觉得不安全的人来说，事先和对方商量一下，再决定密码就好了。

⊙ 离开座位时锁定电脑画面

电脑中保存着各种各样的个人信息，还有工作上的重要信息。为了防止这些信息不慎被盗，在有很多不特定的人来往的地方，必须要引起充分的注意。

特别是离开座位的时候，不可以保持在工作界面上。为了安全，请一定要锁定电脑。

如果使用锁定功能的话，需要确认密码才能打开，所以能很放心。通常是从"开始"菜单单击"锁定"，而在Windows 系统内，只要按下 [Windows]+[L] 键，就能在一瞬间显示锁定界面。

⊙ 不惜在可以提高效率的"硬件"上做投资

消除会影响工作注意力的急躁情绪，是非常重要的。例如，在电脑运行很慢，或是键盘或鼠标很难使用的情况下，为了消除硬件带来的不便要不吝于投资。

如果电脑运行慢的话，或是可以扩充内存，或是可以把键盘和鼠标等做更新。因为做了数千日元到数万日元的硬件投资，之后的工作效率会有飞跃性的提升，所以绝对不会有损失。

⊙"设置"鼠标，实现效率化的工作

使用电脑鼠标的时候，首先最好根据自己的喜好来做"设置"。特别是移动鼠标时的指针速度，要与自己的感觉相符合，这直接关系到提高工作效率，请一定要检查。

要改变指针的速度，可以从"控制面板"中的"硬件和声音"中单击"鼠标"，显示出属性以后，在"指针选项"内的"移动"栏"选择指针移动速度"中，按自己喜好的速度调节就可以了。

⊙ 工作越快的人越不使用电脑的鼠标

使用鼠标是电脑工作迟缓的一个原因。使用鼠标操作的话，因为光标必须要设定在正确的位置，所以会比想象中要更加耗费眼部和手臂的肌肉。

而且，从键盘上把手转向鼠标的话，因为每次注意力都会中断,所以工作效率无法提高也是理所当然的。

希望大家能够活用快捷键。使用鼠标必须要点击多次的操作,可以通过按下键盘上多个组合键的方式而实现一次性执行。虽然这听起来很平常,但在减轻压力方面效果意外的大。本书第六章中介绍了各种各样的快捷键,请一定要实践一下。

⊙ 重新审视自己的姿势和电脑的位置,减轻疲劳

在办公室工作,绝大多数的时间都要对着电脑,如果姿势不好的话,就会积累疲劳。在不知不觉中,脸就会向着屏幕前倾吧。如果是这样的话,就重新审视一下自己的姿势和电脑位置吧。

首先要挺起脊梁,把膝盖弯曲到90度后,双脚整齐地放在地板上。接下来,让敲击键盘的手、手腕和手肘三点呈一条水平线,把显示器调节到和眼睛一样的高度。这样应该就不会那么容易疲劳了。

即便如此,还是不要一直坐着,每隔30分钟要站起来走一走,不要忘记补充水分。现代人即便不是在工作,坐着度过的时间也很长,所以除了保持正确的姿势之外,还

必须要认真地运动。

⊙ 不要"挑食"，学会盲打

为了减少工作的时间，第一要则就是缩短电脑的输入时间。而且，这时候重要的是"盲打"的速度。

如果没有掌握盲打的话，请不要犹豫地去学习。讨论必要性的话也无法进步，所以绝对要将其作为必要的技术来掌握。这是只要练习，无论是谁都能在数周内掌握的技术，所以不要"挑食"，请一定要挑战一下。

⊙ 以防万一，做好电脑备份

电脑的硬盘，不仅会由于物理原因和病毒而引起故障，而且有时会突然寿命到头，里面的数据都会丢失。要定期做备份以防万一。

如果将 OS[①] 全部保存在一起的话，推荐使用外部硬盘作为备份的保存目的地；如果要保存数据，可以用 DVD-

---

① OS：操作系统。

R①、CD-R 等外部媒体设备；如果只是暂时备份的话，可以利用 USB 存储器。另外，必要的文件自不用说，把根据自己喜好设置的辞典、邮件软件的数据也进行备份会很方便。

---

① DVD-R：可记录式 DVD。

提高生产率的网络活用术

⊙ 快速搜索到想要的信息的技巧

即使进行网络搜索，有时也很难找到想要的信息。但是，如果记住一些简单方便的技巧，就能迅速得到想要的信息。

比如，与引号内的词语做完全一致的搜索的"短语检索"；在两个词之间插入半角的"–"，将包含后一个词的页面排除在外的"排除检索"；在两个词之间插入"or"，显示包含任何一个词的页面的"或"检索；把词中不明确的文字用"*"替代,搜索相似的文字的"通配符检索"……希望大家一定要记住这些方式。

在检索语后面加上"pdf""doc"的话，能检索到各自的 PDF 文件、Word 文档；加上"ppt"的话，能检索到 PowerPoint 文件；加上"org"的话，还能检索到开放程度很高的组织提供的"文件检索"功能等。利用它们，便可以实现迅速搜索了。

⊙ 把网页检索一页显示的件数调到 100 件

网络检索一页的显示数通常是 10 件，这样的话很多时候都无法找到目的信息。为了跳到下一页，必须点击页面下的"下一页"，但会渐渐觉得麻烦，容易中途放弃。

然而，如果将检索显示数调为 100 件，那么检索速度会飞跃性地提高。即使不多次点击，检索到目的信息的概率也会增加，因为能减少漏看的机会，创造性也能被调动起来。

检索设定的变更，谷歌的 Chrome[①]、Internet Explorer（IE）[②]、Firefox[③]、Safari[④] 等都支持，这是使用任何浏览器都

---

① Chrome：谷歌浏览器。

② Internet Explorer（IE）：IE 浏览器。

③ Firefox：火狐浏览器。

④ Safari：苹果浏览器。

能做到的令人意外的工作时间缩短术，请务必采用。

⊙ 网络检索要有效利用"在新窗口中打开"

对于互联网的搜索结果，推荐把搜索设定变更为"在新窗口中打开"。这样一来，即使读完后把页面关掉，也可以省略重新输入搜索词的时间。

关于变更搜索设定的方法，谷歌搜索引擎的话，是从位于首页右上的"设置"处选择"设置"，点击"启动时"中的"打开新标签页"就完成了。

⊙ 制定"搜索要在 10 分钟以内"的规则

你有没有过因为有想调查的事情而进行网络搜索，在不知不觉中就已经过了很长时间，但还没有找到重要信息的经历呢？

搜索的话，可以通过微小的键盘操作得到庞大的信息。但是从中提取自己所需要的信息并不简单。如果厌倦了的话，看到有意思的信息就会不由得跑题，或是浪费时间。因此，制定一个"搜索要在 10 分钟以内"的规则就可以了。

如果 10 分钟实在很难查到的话，就先粗略地看一下检索出来的标题和语句，把用得上的东西保存起来，之后再细读吧。

⊙ 网络搜索只想看新信息的时候使用"时间指定"

用网络搜索显示出来的信息，由于时间轴①是打乱的，所以新旧信息混杂在一起。

如果只想看新信息的话，使用谷歌浏览器的情况下，在搜索关键字时，利用输入栏右下显示的"工具"按钮就可以了。

方法是，首先点击"工具"，会出现"时间指定"的按钮；然后选择"过去 1 小时内""过去 1 周内""过去 1 年内"等希望的时间范围。再进行搜索的话，就会显示出限定时间内的信息。

---

① 时间轴（timeline）：通过互联网技术，依据时间顺序，把一方面或多方面的事件串联起来，形成相对完整的记录体系，再运用图文的形式呈现给用户。

⊙ 视频网站上临场的"E学习"

对于一些视频共享网站，不能单纯地将其视为娱乐网站。根据利用手段，这些视频网站还可以大大提高商务技能，成为自学的工具。

例如，在视频网站丰富多彩的内容中，存在着如商务英语、商务礼仪等大量可以实践的"E学习"的视频。如果一天花15分钟左右的时间来自学这些视频的话，就可以期待商业技巧方面的稳步提高。

⊙ 按照不同的目的来使用社交网络

市面上有Twitter①、脸书、LINE②等各种社交网络软件。其最大的特征，是能在注册者之间共享信息，配合不同的目的进行区分使用，可以作为很有效的工具来利用。

使用重点是，从想接收信息还是想发送信息的角度来区分。另外，是作为构筑真实人际关系的契机来使用，还

---

① Twitter：非官方汉语通称"推特"，是一家美国社交网络及微博客服务网站，是全球互联网上访问量最大的十个网站之一。
② LINE：日本的一款即时通信软件。

是在虚拟的状态下使用也可以？根据这点，使用方法也会有不同。

请在认清各种社交网络的特性之后使用。

⊙ 关注名人的推特，获得一手信息

在 Twitter 上，当关注其他用户时，该用户的推文[①]（自言自语）会在你自己的页面上实时显示。

而且，因为基本上不需要被关注的人同意，所以可以直接向公开推特的名人等发送信息，得到有益的第一手信息。

除此之外，也可以利用推特迅速得到企业所发出的最新信息、政府机关和报道机构等发送的新闻，入手最新的信息。

⊙ 利用网络，创造一个不管何时何地都可用的办公环境

将自己的数字数据保存在网络服务器上，只要网络环境完善，就能自由地取出数据，这就是"云技术"。而且，

---

① 推文（Twit）：指 Twitter 上用户发出的消息，类似微博的博文。

如果利用这个技术的话，无论何时何地，都能创造出办公环境来。

另外，即使没有个人电脑，只要是在连接着网络的状态下，可以使用任意终端，这也是"云技术"的魅力所在。

也就是说，如果把智能手机和平板电脑组合起来的话，在办公室中使用电脑做到一半的工作，也可以在旅途中处理。

⊙ 使用在线存储服务共享信息

在"云"上保存文件，并供多台电脑在相同的环境中办公的服务被称为"在线存储服务"。近年来，这项服务迅速扩大，其中由于使用方便而很受欢迎的是"Dropbox"①。

Dropbox 作为数据的仓库，不仅能把大容量的数据保存在"云"上，还可以让数据很快同步，所以在用多个电脑共享信息的时候能大显身手。如果能熟练使用的话，不仅可以不挑地点地工作，而且出门时还可省去携带数据的准备工作。

_____

① Dropbox：一款云端存储软件。

⊙ 利用"云"来减少附件的交换

有一种工作方法是，几个人共同来制作文件或调整日程，通过发送邮件附件来进行各自的修改或写入。但是这样的话，每次都要发送邮件或接收邮件，十分麻烦。不知道文件是检查过了还是没检查过，不知道是第几个版本等，很多时候情况会很混乱。

"云"能彻底地解决这个问题。如果把文件上传到"云"，设定截止日期的话，就可以每个人各自写入一次，工作就能迅速地进行。而且因为所有人都能看到最新版本，所以很容易确认。

⊙ 使用搜索引擎迅速换算汇率

在进行日元 / 美元的换算时，调查最新的汇率后，再用计算器之类的来计算非常麻烦。这种情况下，如果使用搜索引擎的话，就可以瞬间完成汇率的换算。

例如，想把"100万日元"换算成美元的话，在搜索栏中输入"100万日元为 美元"，或者输入"100万日元 美元"，按下 [Enter] 键的话，在检索结果的最上面就

会显示根据最新汇率换算的金额。这个方法不仅适用于
日元 / 美元，还适用于"尺 / 厘米""升 / 公升"等单位
的转换。

⊙ 利用搜索引擎来查询快递的配送状况 [1]

想知道快递的配送状况，有各种各样的调查方法，但
是使用搜索引擎的话可以简单且快速地查询。

方法是，在搜索栏或浏览器的地址栏中输入快递单号
或查询号码来搜索就可以了。这样做的话，就会显示出可
追踪的快递公司的链接，如果点击负责运送的快递公司，
就可以通过链接确认详细的追踪结果。

现在日本可以追踪的快递公司只有日本邮政、佐川急
便、大和运输三家公司。

⊙ 快递费可以在网上方便地做比较

根据公司的不同，快递费会有一些不同，利用网络的
话，就可以很方便地对快递费做比较。

————————————

[1] 在中国，可用手机软件随时追踪快递情况。

例如，在提供快递费比较的网站"运费之虎"，只需输入快递的大小、重量、发货地、目的地等条件，就能显示出各公司的收费一览表。普通的快递费当然可以查询，就连国际快递、搬家费用也可以做比较。

除此之外，如果利用智能手机的运费比较应用程序的话，有时快递费用会削减一半以上，请一定要好好利用。

⊙ 开电信会议的话，可以节省时间和金钱

只是为了开会而去远方出差，不能说是聪明地利用时间和金钱的方法。在这一点上，使用电话机召开的远程会议（电信会议）不仅可以节省时间和金钱，也是让会议有效率进行的有效手段。

实际上，在电信会议中，因为参加者们都会针对要点来商谈，所以不会有没必要的说明。结果就是，在会议上花费的时间与现实的会议相比能够减少。但是，发言的时候要经常说出自己的名字，要用清晰的发音稍微慢速地说。另外，要选定一个主持人，还要注意不要重复发言。

最近，如"Skype"① 等能在网络上开团体会议的免费工具也在增加。请一定要加以利用。

⊙ 不要胡乱订阅电子杂志，取消不需要的订阅

为了不增加不必要的邮件接收，不要胡乱订阅电子杂志。判断为不需要的电子杂志，就马上解除订阅吧。

有些只是交换过名片，就会单方面发送电子杂志的情况，但是对于不需要的东西，希望过了一定的时间，就提起勇气来发送拒收的邮件。另外，由于电子杂志上登载的基本都是即时的信息，即使是自发注册的，如果 24 小时以内没有打开过的话，也最好马上删除。

⊙ 不必特意逛街，利用网络就可以了

从稍微买点儿东西，到去银行汇款或购买车票等，为了这些小事而特意亲自出门，会导致时间大大损失。但是，如果利用网络的话，这种时间就可以很大程度地节约。

首先，在网上买东西的话，如果指定时间配送，接收

① Skype：一款即时通信软件。

起来也很方便。在网上完成向银行汇款，也可以不用在意工作日 15 点之前的时间限制 ① 来办理手续。其次，如果票也在网上预约的话，可以当天在通过检票机之前，从自动售票机领票。

　　活用这些方便功能，是非常有效地使用时间的方法。

⊙ 乘坐新干线使用"网络预约"来确认

　　出差的票稀里糊涂就忘了买。要乘坐新干线，想着当天买票也可以，但窗口排着长蛇一般的队伍，等进了检票口后上了这之后不知道第几趟列车。

　　稳妥的办法是通过网络预约，在决定出差日子时就进行预约。新干线在游玩旺季自不必说，平日早晚也都混杂着出差的人们。如果是网上预约的话，可以使用电子票，如果接近乘车时间的话，还会有短信提醒，因而能防止延误乘车。

　　这是个能避免因为没拿到票而在车站浪费时间，以致跟客户约会迟到的小窍门。

---

① 此处的 15 点指日本的银行营业结束时间，中国的银行营业结束时间一般是 17 点或 17 点 30 分。

⊙ 利用交通系统 IC 卡来提高经费结算效率

在经费结算中，计算交通费特别麻烦。什么时候从哪个车站上车，换乘了几次的情况下，坐到哪儿花费了多少钱等细小的记录都是必需的。

能帮你省去这些麻烦的是 Suica、PASMO、ICOCA[①] 等交通系统 IC 卡历史记录服务。利用 IC 卡乘坐交通工具的话，可以在网上看到乘坐历史和费用。所以没有必要自己一一记录，也可以防止造成疏漏和错误。

经常出外勤的人，如果把私人车票卡和月票分开，使用一张交通费结算专用的 IC 卡的话，在结算的时候就不用一一做区分，更加方便。

[①] Suica、PASMO、ICOCA：均属于日本交通系统。

更轻松地发送邮件的方法

⊙ 邮件从第一行就开始写事情

邮件的开头会写"某某先生，您辛苦了"这样一句形式性的话，但一天写几十封、几百封邮件的时候，就会直接造成时间损失了。因此，如果是公司内部的电子邮件的话，就省略这一步，从第一行就开始写具体的事，能够实现工作的效率化。

如果刚开始实践时有抵触感的话，那就三封邮件里有一封这样做，慢慢地提高频率，排除了障碍的话就可以继续这样下去了。

但是，如果是发给顾客、客户、直属上司之类的邮件，有可能会出现商业失礼的情况，所以要根据时间、地点、场合来做判断。

⊙ 邮件名称回避使用"某某公司的某某"

在发送工作邮件的时候，必须要做到对方读了邮件名就能了解你要说的事。

因此，绝对要避免把邮件的名称起成"某某公司的某某"这样的形式，或是"承蒙关照"这样的寒暄。

如果邮件名称直接写事项的话，那不打开邮件，对方也能判断这封邮件是应该马上阅读，还是以后看也没关系。只有这种对对方的关怀，才会使工作得以顺利地进行。希望大家能把这点铭记在心。

⊙ 根据情况来发"只有标题"的邮件

把大量的邮件一一打开看是非常花费时间的事。

那么在公司内部，给脾气合得来的同事发邮件的时候，推荐发送"只有标题"的邮件。只看收信标题就能明白是什么事，所以不需要点开。

但是，必须要注意的是，需要在标题上标注上"只看标题"。如果对发一篇白纸文章有些顾虑的话，加上"只看标题就行，失礼了"这样一句话就没问题了。

⊙ 注明邮件附件的"要点"

发送附件时，只说一句"请确认附件"是非常不亲切的。为了减少时间损失，最好在正文中提一下所添加附件的"要点"，或是需要对方确认的点。

如果知道附件的大致内容，收到邮件的对象即使处在不能马上下载文件的情况下，也能马上知道你发送的是什么。

其结果是，你今后会更易于在事前想清楚该如何行动，因此节约工作时间。

⊙ 容量大的文件要使用在线存储服务

用商务邮件进行交涉的情况下，发送容量大的文件时需要考虑到对方。要考虑到不同的企业视服务器情况也有不能接收大容量邮件的情况，如果要添加大的文件，最好事先确认一下对方的邮件环境。

为了防止发送大文件时不方便，希望可以研究一下在线存储服务的利用。著名的免费服务有"GigaFile便""宅File便""数据便"①等。

但是，由于安全问题，也有企业禁止使用外部的在线存储服务。还有企业会使用和法人签订合同的存储服务。预先确认的话，可以防止损失工作时间。

⊙ 邮件中不写"请多关照"，而写具体的语句

写邮件的话，把末尾写成"请多关照"的人很多吧。这确实并非没礼貌的语言，谁也不会苛责什么，但这样的话，有时也会让对方不知道该做什么。

发了策划案，却总是得不到回复，是不满意吗？该不该催促他呢？虽然你这么焦虑着，但有时候对方其实已经读了，只是在等你的下一封邮件。所以，写上"不必顾虑，我想听一听您的意见""等待您的回复"等希望对方做的事的话，交流会变得很顺利。

_____

① GigaFile便、宅File便、数据便：日本的在线网盘服务。

不要客气，采取对方容易理解的礼貌写法就好。

⊙ 一封邮件只写一件事是基本原则

对工作对象，或是联系商谈时间，或是发送文件寻求回复，总是会发各种各样的邮件。但是，如果面对同一个对象，在一封邮件中说了很多事情的话，很可能会给对方带来困扰。

在一封邮件中写好几件事情的话，对方会不知道哪一个该回复，哪一个不该回复，哪一个是处理好了的，哪一个是能暂且搁置的，等等，从而引起混乱，结果就是回复也会延迟。如果一天发了太多邮件的话，也可以在一封邮件中概括多件事，但这种情况下要分条来向对方传达意思。一封邮件只写一件事是邮件的基本原则。

⊙ 邮件要马上回复

阅读过的邮件要立即回复。一旦搁置的话，回过头来看，就会再次收到大量的邮件。

回信要快，不要浪费时间。电子邮件与在信笺上写的信不同，内容应该只是事务性的联络。稍微打个招呼也可以采用格式化的语句。习惯了就能提升速度吧。比起视对象的情况来确立回复的优先顺序，还是从头开始一一回复比较快。而且确认了优先顺序的话，也可能会突然爆冷门。

马上回复的例外是一些需要斟酌的重要内容。即便写了回信，也要留出审慎的时间，充分修改后才能发送。

⊙ 不要在深夜或清晨发送邮件，使用在指定时间发送的邮件功能

虽然 24 小时都可以收发邮件，但是发送的时间还是要注意。最近，即使是寄给公司的邮件，很多人也都会用自己的智能手机来发。所以，有时深夜或清晨的邮件会给人造成困扰。

即便和对方有很多交流，但工作邮件要在对方公司的工作时间内送出，这是礼节。

也可能会有这样的情况：比如想要把深夜才完成的工作发送出去，因为第二天早上可能会出差。那么，使用很多邮件软件都提供的"指定时刻发送"功能就好了。只需要选择发送的日期和时间就行，十分简单。

⊙ 发送邮件时要不含确认

即使发送了邮件，也不能放下心来。电话是实时交流的传达手段，但邮件始终是单向的。可能对方没有打开邮件；也有可能因为什么差错，你的邮件被收入了骚扰邮件区。

所以，越是忙碌或面对重要的项目时，越不可忽视慎重确认这一步。对于重要的邮件，添上一句"为了慎重起见，如果读了这封邮件的话，请您联系我吧"就好了。

另外，没得到回复的时候，若是到时限再联系也太晚了，所以要在最后时限的几天前联系。或是不必顾虑地打电话去确认比较稳妥。

⊙ 将未回复和处理中的邮件标记为"未读"来引起注意

对接收到的邮件，看过之后马上就回复是基本的。但有时看过、确认过内容后也不一定能马上回复。这些邮件里既有需要上司做判断因而需要暂时保留的，也有需要根据自己的判断之后再来处理的。如果把这些邮件和其他已经处理完毕的邮件混在一起的话，又会不小心忘记，反而会浪费一些时间。

因此，即使是已经读了，但未回复、未处理的邮件，还是要重新标记成未读。这样做的话，因为收件箱一目了然，所以随时都能掌握情况，也更容易确立优先顺序。把收件箱本身变为"TO DO"列表吧。

⊙ 如果想得到快速回复，应该在邮件标题上下功夫

虽然给工作对象发了邮件，却很久没得到回复，因而感到烦躁，这样的经历，怕是每个人都有吧。可能对方也很忙，收件箱里除了你的邮件以外，还收到了很多别的邮件，因而你的邮件被埋没了吧。如果想要尽早确认或得到回复的话，可以在邮件标题上下功夫。

如果标题是"前几天很感谢"或"请多关照"的话，对方会不知道说的是什么事，邮件容易被推迟处理。于是，应该写上诸如"今天商量的事""中午之前想确认的策划案"之类的话，把紧急的事或正文的摘要放进标题中。如果觉得看起来太着急了，会显得失礼的话，就在正文中说明紧急的理由。但是，要注意不要过于絮絮叨叨，要简洁易懂。

⊙ 邮件中添加附件，要在写到"附件"的时候就添加

把做好的文件附在邮件中发送给对方时，经常会犯忘记添加最关键的附件的错误。被对方指出"好像没有附件"的话，再低头道歉慌忙重发，这样对方也会花费多余的时间。

犯这个错误的原因是只顾着写邮件正文，而把添加文件放在后面处理了。文件完成了，正文也打完了，于是就松了一口气，这样发送了出去。

因此，为了防止忘记附件，请在邮件正文中提到"附件"的时候，就添加文件。无论什么时候添加附件，花费的工夫都是一样的，习惯了的话会变得很简单。

⊙ 邮件中附上文件的话，不要写"发送"，而写"添加"

在邮件中添加文件和数据并寄出，能够节约时间。但是这种时候，在正文里不要说"把文件发送过去了"，而要说"添加到附件送出了"，之后的业务就能顺利进行了。仅仅是说"发送"的话，可能会让对方意识不到是附件，以为是用邮寄或传真发来的。另外，如果写了"添加附件"的话，万一我们忘记加附件，对方也会马上注意到的。顺

便说一下，使用谷歌运营的 Gmail[①] 等，在正文中写了"附件"等内容的话，如果不添加任何东西，页面会有警告提示。

⊙ 确定处理邮件的时间规则

虽然邮件处理不可怠慢，但不停地确认不断发来的邮件的话，业务就被中断了，再着手处理业务的话，调整回状态也要花费时间。如果想避免这种情况，就要确定检查并处理邮件的时间，除此之外的时间不要打开邮箱。

紧急邮件或是必须马上回复的对象，实际上并没有那么多。即使有这样的邮件，也可以通过标题和发件人名来判断。而且，因为邮件中有很多相同的内容，也会有将几封邮件一并"了解"就可以了的情况。如果按照规则来好好处理邮件的话，就不会白白浪费时间了。

⊙ 削减无用的公共邮件

商务人士每天都会异常忙碌于处理大量邮件。对于那种标注着抄送的公共邮件，或者只是个经过报告，或者是

---

① Gmail：一款电子邮箱。

和自己没什么关系的邮件，想着"如果写了重要信息的话，只有自己没看"，也会——打开检查。要减少在邮件处理上花费的时间，就应消减这种无用的公共邮件。

在办公室里，给不必要的对象也发公共邮件是不是已经成为习惯了？而且，由于发给了很多人，就觉得已经报告过了而感到放心，不是这样吗？这种无用的行为，不能只依靠个人的裁量来削减。在公司内和部门间进行协商，制定削减无用的公共邮件的规则吧。

⊙ 发多封相同邮件时，在要替换的地方填上"●"

如果把相同内容的邮件发送给多个对象的话，不要复制和使用最初写的邮件内容。

为什么呢？因为这会有忘记修改每个发送对象的名字或数值就发送出去的危险。

制作邮件模板的话，不仅对于有多个对象的情况很方便，对于定期发送也很方便。但是，每次发邮件时都要把名字、日期、地点、时间等需要替换的部分用"●"等显眼的缺字来表示，以防止发送错误。

⊙ 养成"给全体人员回信"的习惯

用抄送方式发送的邮件，发件人有让所有相关人员都能共享信息的意图，因此"给全体人员回信"是其规则，但有时会不小心只给发送人回信。

为了不犯这样的错误，即使是回复给一个人的邮件，也要养成按下"给全体人员回信"按钮的习惯。

另外，在抄送栏里填写 3 个以上地址的情况下，在邮件的开头只写发送对象的名字，其他人则概括成"抄送：有关各位"也没关系。

⊙ 公司内部邮件应省略"您辛苦了"之类无用的话

写公司内部邮件时，若像公司外部邮件一样用礼貌的措辞写的话，就太浪费时间了。

公司内部的邮件要写得简单而紧凑。为了不给对方带来负担，重要的是在瞬间传达出自己想说的内容。

比如，在公司内部邮件中省略"您辛苦了"这种话也没问题。要记得尽可能地削减没必要的问候和过度的敬语。然后，推荐把省下的这部分时间花在检查发往公司外的邮件有没有错误上。

⊙ 为防发送错误，给以前的邮件回信

使用地址簿和记忆式键入功能（输入第一个文字自动列举候选的功能）来发送邮件的话，在有很多名字相似的人的情况下，不小心把邮件发送给错误的对象的意外状况颇多。

如果想准确地向对象发送邮件，从收件箱中检索对方过去的邮件，然后回复就可以了。或者，单击过去邮件的署名栏处的邮件地址，来制作新邮件，这也是一种方法。

⊙ 不回复 "Cc"① 和 "Bcc"② 的邮件

不要给发送来的所有邮件回复，而要选择应该回复的邮件回复，这能进一步提高业务效率。选择的标准是看自己的邮件地址是出现在 "收件人" 处，还是在 "Cc" 或是 "Bcc" 处。

---

① Cc：抄送，英文全称是 Carbon Copy。
② Bcc：密送，英文全称是 Blind Carbon Copy。

首先，如果邮件是发送给自己一个人的话，回复是基本的。另一方面，对于以信息共享为目的的 Cc、Bcc 邮件，原则上没有义务回复。

也有例外的密送邮件，有时会在故意隐藏收件人信息的同时给大家一起发送相同的文件，所以要先进行快速阅读检查。对抄送邮件而言，因为会把你不需要的信息也发来，所以要通过看标题来决定要不要确认内容。

⊙ 回复邮件时，不要拒绝"署名"

对回复邮件时的署名应该取消还是要留下，意见存在分歧，但在商务邮件中，建议不要取消署名。

例如，对方在搜索你的电话号码或地址，特别是要去的地方的时候，首先要确认的是历史邮件。那里没有署名的话，会变得非常麻烦。现在说邮件的署名可以代替名片也是可以的。这不仅给对方省去了麻烦，还节省了取消署名的时间，回复时留着署名是明智的。

⊙ 用邮件传达约定日程时，一定要写"星期"

绝对不能做的事，就是弄错约定的日期。仅仅做过一次的话，名声就会不好，很难挽回颜面。

用邮件来确定日程并联络的时候，不仅仅要写某月某日这个日期，也一定要标明是"星期几"。这样做的话，自然就会重新审视日历以防万一，即使是写错了也能早点儿注意到。

如果对方说"请在某月某日来"之类的话也是一样，"是某月某日，星期几对吧"，这样若无其事地确认一下就好了。这样一来，对方即使搞错了，也能够重新确认。

用电话等做约定的话，也一定要同时使用日期和星期来确认。

⊙ 用"声音"输入邮件

邮件不用"写"而用"声音"输入的话，可以大大地节省时间和精力。为此，可以利用智能手机的语音输入功能。

使用方法很简单，按下用来输入文字的键盘上显示的麦克风的按钮，只要对着智能手机说话就可以输入文字了。如果有错误的话，就进行修正，然后按下发送按钮就完成了。

当下，由于智能手机的语音输入精度在快速提升，错误的概率变得相当低了。即使说话很快，只要发音很清晰的话，也能识别。如果习惯了的话，在等待红绿灯的30秒间，就可以完成从文书的制作到邮件的发送。

⧗ 工作中能派上用场的应用和软件的使用方法

⊙ 使用 Evernote（印象笔记）对信息进行"一元管理"

从工作中使用的笔记，到照片和语音数据，以及网上找到的有用的网站等信息，采用"一元管理"的话就能立刻有效地利用起来。这种时候强有力的武器就是 Evernote。

Evernote，简单地说就是把记事本和剪贴簿的功能结合起来的应用程序。不只可以把自己想到的事作为文字保存起来，还可以把感兴趣的信息全部放进去。

因为不挑使用地点，在哪里都能用，所以把办公室里收集的数据在出差时利用起来也非常方便。

⊙ 公司内部使用"通信软件"迅速交流

虽然邮件是不用面对面也能交流的方便工具，但是发送或接收的话会花费往返时间。如果想在短时间内完成事情的话，就可以使用"通信软件"。

如果是讯息的话，因为是对话形式，所以不需要寒暄语句，可以直接进入正题。尤其是只想确认"是"还是"否"时，这样的联络最适合，马上就可以知道对方有没有看过，因而自然也能快些回复。

但因为是休闲的气氛，所以不适合对处上位的人或老客户使用。在和公司内的成员或熟悉的客户交往中使用的话，可以减少花在邮件处理上的时间。

⊙ 查询"换乘指南"后，先截个图

访问客户时要在网上预先调查路线，也要查询一下复杂的换乘方式。虽然会觉得这样就可以了，但在去的路上还是很迷惑。这种时候便又会打开互联网搜索。

为了不出现这种情况，希望你能把之前查到的地图和换乘方案，用屏幕截图保存到智能手机之类的设备上。这样的话，就可以马上看到调查结果，从而省略从头开始搜索的时间和麻烦。

在郊外的话，因为公交车的数量少，把时刻表也做截图的话，就能省去多余的等待时间了。

即便回到了公司，要删除也还尚早。如果有换乘指南的话，在计算经费的时候，交通费就会一目了然，省去再一次调查交通费的时间，所以要把截图保存下来。

⊙ 删除自动启动的软件，提高电脑启动速度

虽然想早点儿开始工作，但电脑的启动很慢的话就会很烦躁。这是由于有那些常驻软件。

电脑一启动，桌面上未显示的地方会启动很多常驻软件，这都需要时间。因为不一定所有安装的常驻软件都有必要启动，所以如果把不需要的软件删除或关闭的话，不仅仅是启动，运行也会变快。

确认启动和注册表文件中的软件是否有必要，把不必要的软件从常驻中剔除。启动项那里会显示几个快捷方式，删除那些的话速度也会上升。

⊙ 推荐使用"文本编辑器"

写文章的时候，使用 Word 的人很多吧。但是，有时不用 Word 而是使用"文本编辑器"的话，能更有效地进行工作。

原本文本编辑器就是为文书编辑特地制作的专业软件，Mery 和 Atom[①] 等软件也为人所熟知。虽然不能修饰文本，但是软件的启动和运行很轻快，进行置换和搜索的时候也非常方便。并且，和不是对应格式就无法打开的 Word 不同，文本编辑器基本在任何操作系统和环境中都能打开，所以在智能手机和平板中也能简单地调出文本，在此方面有着巨大的魅力。

⊙ 把邮件软件活用为"备忘录"和"自己的文件夹"

工作上的联络和交涉，留下谈判记录是很有必要的，应该把来往的邮件当作"备忘录"和"自己的文件夹"来利用。

---

① Mery、Atom：两款文字编辑软件。

由于邮件是可以自动留下记录的，所以可以把每个联系人做成文件夹，把接收的邮件和发送的邮件都移动到那里的话就可以整理了，省略了一个一个输入的工夫。想知道"那件事怎么样了"便进行检索，确定自己的应对方式也就变得很简单。

虽然电话交流没有记录，但打完电话后可以马上把内容概略写在邮件里，然后发送到自己的邮箱地址，再移动到对方的文件夹就好了。

⊙ 不要以成为 Word 和 Excel 等通用软件的专家为目标

在办公室，使用以 Word 和 Excel 为代表的各种通用软件，是商务中不可或缺的。但是，不能以成为这种专家为目标。

这么一说，很多人会发出"为什么"的疑问。使用软件熟练地来工作，上司和前辈也认为这是可靠的办法，怎么会不行呢？但是，如果认为自己是专家的话，就容易过分拘泥于细微的部分而使工作停滞，对其他业务的热情减淡，从而丢失了工作的整体感。

虽然觉得这些软件很可靠，实际上可能也很方便，但我们要铭记在心的是，通用软件始终是工作的工具，并不是工作本身。

⊙ 删除不需要的应用程序

电脑的内存和硬盘容量是有限的。如果剩余容量变小的话，运行就会变慢，导致工作效率低下的可能性很高。因此，为了轻松地使用电脑，需要删除不需要的应用程序。

特别是在购买电脑的时候，基本上电脑已经安装了很大容量的应用。如果有不需要的程序，最好马上卸载。

但是，在删除时，最好充分确认这样不会对其他应用程序造成影响之后再实行。

智能手机上可用的工作时间缩短术

⊙ 外出时使用"语音检索"

在外出时也会有想调查的东西。虽然在公共汽车或电车里的时候，很容易进行检索，但有时别说进个咖啡馆了，就连停下脚步的时间都没有。这种时候，语音检索功能是很强大的伙伴。

随着语音检索功能的精确度逐渐提升，不用很大声，或是一个字一个字地说，机器也能听懂了。最近有智能机新添了忽略"嗯""这个""那个""然后"等不必要的语言的功能，也有应对口音的功能，使用起来很方便。即便走路也可以用，可以假装是用电话跟别人交流，自然地进行检索。

⊙ 根据使用频率来整理智能手机上的应用程序

由于有了方便的应用程序，使用智能手机反而更难了。屏幕上的应用太多的话，就很难找到想要的应用程序了。

整理这个的秘诀极为简单，从屏幕的最下层开始，按自己使用的频率高低来进行顺序排列。为什么从最下层开始呢？是因为握持智能手机的时候，用大拇指就可以轻松够到了。

也有按照功能把应用整理成文件夹的人，然而在一个文件夹中，经常使用的应用和不经常使用的应用混在一起，所以整理后使用效率并不高。另外，有人安装了功能重复的程序，只是删除这种应用，屏幕就能得到整理，而使用手机会变得更容易。

⊙ 在智能手机上将工作用的应用程序整理成一页

为了舒适地使用智能手机，需要好好地进行主页整理。整理的要点是，对那些已经安装了但不使用的应用程序要马上删除；对使用频度低的应用程序，希望能把它们放入文件夹中管理。

另外，主页有好几页的时候，根据应用程序的内容放在同一页来使用比较方便。这时候，第一页放置工作中需要用到的应用程序的话，工作时不需要一次次翻动页面也能马上打开应用，这样体验会很舒适。

⊙ 增加智能手机的剩余容量，实现舒适化

如果对智能手机反应慢感到烦恼的话，可以通过增加剩余容量来实现舒适化。

方法有很多，但是最简单、最快捷的是删除应用程序。现在，请你重新审视一下所安装的应用，不用说不需要的应用程序，就是不怎么使用的应用也可以大胆地删除。

另外，即使是互联网的阅览历史等数据的积累，也会压迫智能手机的容量。最好养成定期清空浏览器阅览历史和缓存的习惯。

⊙ 利用智能手机来实现碎片时间的学习

在现代社会中，有很多等车之类的碎片时间。虽然对着桌子长时间地学习也不错，但是也有短时间内集中精神

就可以掌握的东西。如果没有有效利用碎片时间的办法，使用智能机会很有效果。彻底地将声音和影像利用起来吧。

如果是学外语的话，可以默背单词和例句，或进行听力练习等广泛的学习，以词典应用为代表，学习用的应用程序也很丰富。其他类型的学习也是一样，有很多为资格考试而开发的方便的应用程序。进一步主动学习，对自己做的笔记拍照并将其数据化的话，就无论什么时候都可以看了。

⊙ **打车一族要使用打车软件**[①]

坐出租车的时候会很在意的是，到目的地要花多少钱呢？特别是错过末班车的时候，也有车费会超过 1 万日元的情况，所以不敢轻易地去坐呢。这种时候，打车一族就要依靠可以简单计算出出租车费的"全国出租车"应用程序了。

在"费用检索"中，在地图上标记下"从这里乘坐""到这里下车"的话，就能显示出估算金额和距离。这个金额

---

① 此条针对日本国情。在中国，也有一些类似的打车软件可用。

再加上招车费，就能大致地计算出出租车费用了。而且使用名字和电话号码登录的话，就可以直接叫出租车；能够事先登录的话，出租车的费用也可以网络结算。

这是个知道了绝不会吃亏的应用程序。

⊙ AA 制时使用方便的应用程序

担任宴会和聚餐的负责人时，计算每个人的分摊是很麻烦的。若是全体人员平均分摊还好，但若遇上上司多掏2000 日元、女性算得便宜些、零头要交多少之类的时候，局面就会十分复杂。而且在有人说"再来一轮怎么样"的喧哗中，也会有不知道能否从喝醉了的成员那里收到钱的担忧。

这种时候，如果有个方便的网站或便利的应用程序来协助的话，就能一次性把麻烦的计算完成。"ke! san 生活和工作中有用的计算网站""Smart AA 制""聪明的负责人"[①]等免费网站或应用程序有很多，事前研究一下，试一试哪个最容易使用，是个很不错的选择。

---

① ke!san 生活和工作中有用的计算网站、Smart AA 制、聪明的负责人：均为日本网站或应用程序。

第六章

马上就能学会的超高速电脑操作术

⏳ 更高效的电脑使用技巧

⊙ 一键"新建"文件的方法

使用 Word 和 Excel 来"新建"文件，通常必须按照"文件"→"新建"→"空白文档"的顺序来单击位于顶部的工具栏。

但是，如果使用 [Ctrl]+[N] 键的话，就可以一键建立新的文件。另外，这是个在使用记事本时也同样能应用的方便功能。

更进一步的话，在使用谷歌浏览器或是 IE 浏览器的时候，按下 [Ctrl]+[N] 键的话，就可以打开新的窗口。

⊙ 迅速关闭窗口和标签

与"新建"的快捷键 [Ctrl]+[N] 作用相反的是 [Ctrl]+[W] 键。在关闭 Word 和文本文档的时候，通常会去点击右上角的 "×"，或是从 "文件" 选项里点击 "关闭" "退出" 等选项。若是使用 [Ctrl]+[W] 键的话则可以瞬间关闭。另外，在按住 [Ctrl] 的状态下连续按下 [W] 键的话，就会陆续关闭显示窗口。

除此之外，在使用谷歌浏览器或 IE 浏览器打开了多个标签的情况下，也可以同样的快捷键关闭标签。

另外，想要结束程序的时候也可以使用快捷键 [Alt]+[F4]。如果数据没有保存的话，会显示确认的对话框；如果已经保存了的话，就会瞬间关闭。

⊙ 恢复关掉的浏览器标签

用浏览器上网的时候，如果标签打开得过多了，就会耽误寻找到真正想看的信息。而一口气把标签都关上的话，有时候也会把登载了必要信息的标签也关掉了。这种时候，按下 [Ctrl]+[Shift]+[T] 键的话，就能把之前关闭的标签恢复了。另外，如果反复按下这组快捷键的话，按几次就能恢复几个之前关闭了的标签。

⊙ 应该记住的"搜索"和"替换"

在使用 Word、Excel 或者网络的时候，想从中找到特定的关键词或文字的话，会用到"搜索"功能。

用法是按下 [Ctrl]+[F] 键，在显示出的画面的空栏处填入关键词或输入文字，这样就会将搜索出的地方标亮以示通知。

想要处理"搜索"结果的话，就要用 [Ctrl]+[H] 键唤出"替换"功能。使用这组快捷键，就能将在空栏中输入的文件内的特定文字，一瞬间换成想要的其他文字。

⊙ "复制"和"粘贴"文章的方法

把在网络上发现的文章复制到 Word 之类的软件中，或是把文章复制到另一个文件夹的时候，方便的办法是使用"复制"功能。在可以用鼠标操作时，选中想要的文章，单击右键，在出现的下拉菜单中选择"复制"。

　　但是，这种做法有点儿麻烦，如果想要立刻完成的话，就可以活用 [Ctrl]+[C] 键。然后，使用 [Ctrl]+[V] 键将其"粘贴"到想要的地方就完成了。

⊙ 将文章或文件夹等"剪切"和"粘贴"的方法

　　在复制文章或文件等的同时，若是想将其从原本存在的地方完全"剪切"而删除的话，把想复制的这部分拖拽好之后按下 [Ctrl]+[X] 键即可。

　　用鼠标操作的时候，复制好文章或文件夹，在想放置的地方单击右键，然后选择"粘贴"就完成了。另外，同样的操作若使用键盘来简单操作的话，按下 [Ctrl]+[V] 键即可。

⊙ 不经过回收站，直接完全删除文件

　　使用电脑的话，自然会堆积不需要的文件，如果不仔细删除的话，就会导致启动或运行变慢，所以一定要养成好习惯。

　　删除文件时，可以使用往回收站里拖动，或右键点击

文件后点击"删除"这样的方法，但最简单的办法是选择文件并单击 [Delete] 键。但是，用这种方法文件不会被完全删除，而会留在回收站里。

如果不想经过回收站，想一下子完全删除文件，就选择按下 [Shift]+[Delete] 键吧。

⊙ 快速创建新文件夹

要学会将电脑的文件夹按照其中文件的使用目的来进行分类、整理。虽然创建新文件夹有很多方法，但在使用键盘操作的情况下，可以用 [Shift]+[Ctrl]+[N] 键来创建。这样的话，就会生成"新建文件夹"这个临时名字的图标，然后按照目的来输入名字就可以了。

另外，也可以用鼠标来操作。步骤是，在想创建的位置点右键，然后选择"新建"→"文件夹"即可创建完成。

⊙ 为了快速阅读邮件，充分利用快捷键

读长邮件的时候，可以一下一下地用鼠标拉着滚动条读，但这样的话就有点儿麻烦。

这种时候，如果使用 [空格] 键的话，在打开邮件的状态下每按一次，页面就会自动前进约一页，画面会向下滚动，因而可以快速地阅读邮件。

如果想翻回去看的话，就按 [Shift]+[空格] 键，页面会向上方移动约一页。另外，还可以用 [Home] 键回到页面最前面，用 [End] 键移动到页面最后，都可以在一瞬间完成。

⊙ 快速打开"最近打开的文件"

即便忘记了把文件保存在哪个文件夹里了，也可以利用"最近打开的文件"快速地找到并打开。

方法是，只需右键点击任务栏里某个软件的图标，然后，最近使用的文件就会展示出来，点击要找的文件就可以了。这不仅是适用于 Excel 的招数，在查找 Word、PowerPoint 等文件时也可以使用。

⊙ 快速调查在网络上看到的关键词的方法

想调查在网络上看到的关键词时，或是特意在搜索栏里输入关键词，或是进行复制粘贴，都不是很有效率的办法。即使不那么做，也可以用鼠标指定想要调查的关键词，然后单击右键就可以了。这样，在右键点击菜单中会出现"搜索某某"的项目，如果单击这个选项，页面就会在瞬间显示搜索结果。

另外，点击"搜索某某"的时候，如果同时按下 [Ctrl]的话，就能在留下原网站页面的状态下，另开一个标签显示新页面。

⊙ 每次打开电脑"记事本"都能记录时间的技巧

在保留工作记录等领域活跃着的电脑"记事本"，有一个方便的技巧。其做法就是，在创建的文件的一行以半角大写输入".LOG"。这样的话，每次打开这个文件时，在文件的末尾，不仅能自动盖上"打开时间"的时间印章，而且光标还会移到这一行下面。

另外，如果按下 [F5] 键的话，就能在光标的位置输入现在的时间印章，所以不需要为了时间印章而一遍一遍重新打开文件。

⊙ 显示网络浏览历史的两种方法

当你想再看一次之前看的网页时，如果能显示互联网的阅览历史，就可以轻松找到了。做法是，使用 IE 浏览器的话，要按照"收藏夹"→"历史记录"→"今天"的顺序点击，但是其实按下 [F4] 键的话，地址栏就会显示最近浏览的历史列表。

另外，如果想追溯几天前的浏览历史，可以按下 [Ctrl]+[H] 键来一览展示。这个技巧不仅可以在 IE 浏览器中使用，在谷歌浏览器也能使用。

⊙ 用浏览器来添加和显示收藏的页面

将浏览到的网页添加到收藏夹并显示的话，各个浏览器的顺序有些不同。IE 浏览器的话，在打开着要收藏的页面的状态按下 [Ctrl]+[D] 键，就能打开"添加收藏"的对话框，选择要保存的文件夹，点击"添加"。另外，想访问添加好的页面，按下 [Ctrl]+[B] 键的话就能在页面上侧显示收藏夹栏。

如果是使用谷歌浏览器收藏，虽然键盘操作是一样的，但最后要点击"完成"。想显示收藏的页面的话，从右上的设定里选择书签，就可以显示收藏一览表了。

想要马上尝试的 Word 与 Excel 功能

⊙ 在 Word 和 Excel 文件中追加注释，防止意义不明

在检查好的文件中使用批注，留下注释，可以防止意义不明，这一点在纸质文件中经常使用，在 Word 和 Excel 文件中也同样可以进行。找到在意的地方或单元，点击那个部分，在 Word 中只需按下 [Ctrl]+[Alt]+[M]，在 Excel 中只需按下 [Shift]+[F2]，就能输入批注。

另外，使用 Excel 的时候，想连输入的批注也一起打印时，按下 [Ctrl]+[P] 按钮，点击"页面设置"，点击"工作表"的"注释"项目，选择"工作表末尾"就可以了。

⊙ 使用 Word 和 Excel 时防止"不小心覆盖"的方法

把重要的文件错误地保存，将原来的文件弄消失这样的错误是绝对要避免的。防止这种"不小心覆盖"的有效策略是，将文件设定为"只读格式"。

步骤是，首先点选想要改变设定的文件的图标，按下 [Alt]+[Enter] 来打开属性，把画面最下面显示的"只读"的选项勾选上就行了。这样的话，就可以对这个文件进行输入，也可以修正，但是执行"保存"的话，就会自动"另存为"而无法覆盖。

⊙ 恢复 Word 或 Excel 中忘记保存的数据

忘记保存的 Word 或 Excel 数据，不需要重新做一遍，活用恢复技术的话，就能稍微节省一些力气。

实际上，Word 或 Excel 在初期设定的阶段，会将编辑中的数据设置为每 10 分钟自动保存。这样就可以在"文件"标签中的"信息"项目中，对自动恢复的数据进行确认。在 Word 中是"管理文档"，在 Excel 中是"管理工作簿"，可以从一览表中看到自动保存的时间段，所以只要选择相应的数据后点击"复原"就可以了。

⊙ 停用 Word 和 Excel 多余的功能

虽然 Word 和 Excel 是非常方便的软件，但是在任何人都能使用的亲切感中，反而夹杂了让人感到麻烦的功能。

比如，对于类似英语单词的开头文字被随意变更为大写的"自动化输入"这种功能，如果觉得麻烦的话，建议停止功能。

操作程序是，在 Word、Excel 2016 的界面中，点击位于上部的"文件"按钮后，在画面中单击位于左下的"选项"。接着打开"校对"中的"自动更正选项"，取消不需要的项目检查就行了。

⊙ 从疏忽中恢复到之前状态的简单键

从制作文件时把文字消除的错误，到把重要的文件删除的失误，会想要从不小心犯的错误中尽量有效地恢复。这时就要么把文字重打一遍，要么到回收站里寻找误删了的文件，但是，绝对应该避免采用手动恢复的方法。

在这里希望大家活用的是，取消错误的操作、返回到之前状态的简单键。操作方法是按下 [Ctrl]+[Z] 键。反复按下的话，就可以返回到那个操作次数之前的过去的状态。

⊙ 在 Word 和 Excel 中重复相同的操作

一边统一字体、颜色、字号这样的格式，一边进行作业的时候，必须要多次重复"选择文字"→"格式设定"这样的操作。但是，按下 [Ctrl]+[Y] 键的话，就可以复制之前进行的操作。

做法是，选择想要重复格式的文字，按下 [Ctrl]+[Y] 键，之后把想变成一样格式的文字选中，持续按下 [Ctrl]+[Y] 键即可。

这个操作不仅限于文字，对图形和单元格也有效，但是如果在中途进行了另一个操作的话就会变得无效，所以要注意。

⊙ 立即将 Word 或 Excel 文件附在邮件上

用 Word 或 Excel 制作的文章和策划案等文件，有很多添加在邮件中发送的方法。比如创建邮件后，点击"文件附件"，或者用鼠标拖动文件，将其移动到邮件上后，会自动添加附件。

这里要说的是，如果想立即将文件添加为邮件附件的话，有一个在打开附件文件的状态下，一边按下 [Alt] 键一边按顺序敲出 [F] → [Z] 键的高级技巧。

⊙ 检查 Word 文章的错字、漏字

在 Word 中，配备了对文章的错字、漏字进行检查的校对功能。做法很简单，在所输入的文章的结尾段落按下 [F7] 键就可以了。因为在窗口的右侧会显示文章校对的画面，所以可以修改输入、单击修正候补、执行"全部修正"等。

另外，输入 Word 文字的时候，在有错别字和语法错误或者有特殊用法的情况下，文字下会出现带色波状线。

⊙ 在 Word 中插入"虚拟文本"时的隐藏命令

在紧急时刻，需要使用 Word 的"虚拟文本"时有个方便的隐藏命令。打开文件页面，在一行的开头用半角输

入"=rand()"然后按下 [Enter]，一瞬间就能制作出虚拟文本哦。

另外，根据 Word 版本的不同，输出的文章也会不同，可以通过输入"=rand(段落数 , 一段文字的句子数)"，设定不同的参数。

比如，想制作成一段 5 个段落，每段 3 句话的文本的话，输入"=rand(5,3)"就行了。

⊙ 在 Word 中输入著作权符号和商标注册符号

在制作商务文书的时候，如果需要输入著作权符号或商标注册符号的话该怎么办呢？

在 Word 中用"©"来表示著作权符号的时候，或是利用"插入"项的"符号"功能；或是使用输入"版权"两个字，用输入法来转换的办法。但是，如果按下 [Ctrl]+[Alt]+[C] 键的话，就可以一瞬间完成输入。

另外，如果是输入商标注册符号"™"的话，可以按下 [Ctrl]+[Alt]+[T] 键。除此以外，美国商标法规定的注册商标记号 ®，可以用 [Ctrl]+[Alt]+[R] 键来输入。

⊙ 在 Word 中复制并粘贴"格式"的办法

不改变文字本身，而只改变文字的字体、颜色、大小等格式时，要选择文字，按照"字体"→"字体颜色"→"字号"的顺序进行操作。但是，如果重复操作来改变文字格式，就要花费相当的工夫了。这种时候，希望你能学会只复制并粘贴"格式"的技巧。

操作方法是，选中已经设定好格式的文字，按下 [Shift]+[Ctrl]+[C] 键，就可以复制了。再选中想要变更格式的文字，按下 [Shift]+[Ctrl]+[V] 键的话，就可以实现只粘贴格式了。

⊙ 在 Word 中利用鼠标选择词、段落

在选择词、段落时，有不使用拖动操作，单靠鼠标点击就能实现选择的简单技巧。

一方面，如果想选择词的话，只需将光标移动到想选择的文字后，然后双击。这样的话，就能瞬间选择指定的词。

另一方面，在想以段落为单位进行选择的时候，只需将光标移到想选择的段落中，然后三击就可以了。

⊙ 一键完成 Word 文字的粗体、斜体、下划线效果

Word 的文字可以设置出粗体、斜体、下划线等装饰效果。例如，如果想要用粗体字，先用鼠标将字符串拖动选中，然后选中工具条上表示粗体字的 [B] 按钮就行了。斜体是 [I]，下划线是 [U]。

另外，也有可以一键实现这些效果的键盘操作。

选择好最初的字符串后，如果想要粗体，就按 [Ctrl]+[B]；如果想要斜体，就按 [Ctrl]+[I]；如果想要下划线的话，就按 [Ctrl]+[U] 键，就可以完成更改。

⊙ 在 Word 中放大或缩小文字

为了扩大或缩小字号，可以改变工具栏内的"字号"的数值，既可以变大也可以变小。

但是，有一组不需要这样一直移动光标，也不改变数值，就能迅速进行这个操作的快捷键。

操作步骤是，在选择了文字的状态下，按下 [Ctrl]+[Shift] 键的同时，再按下 [.] 键，选中的文字就能够扩大。相反，如果想要文字缩小的话，就用 [,] 键来代替 [.] 键。

⊙ 在 Word 中快速执行"居中"或"左对齐"

在 Word 中输入文本时，在没有特别设置的状态下，位置对齐方式是"两端对齐"。如果想把这个变更为"居中"或"左对齐"，就要指定变更部分，从位于工具栏的"段落"菜单中选择所需要的位置对齐方式，然后单击。

但是，还有能更快速地执行这一系列操作的快捷键。[Ctrl]+[E] 是居中，[Ctrl]+[R] 是向右对齐，[Ctrl]+[L] 是向左对齐，[Ctrl]+[J] 是两端对齐，[Shift]+[Ctrl]+[J] 是分散对齐。

⊙ 在 Word 的"大纲视图"中，确认视觉上的构成

Word 的"大纲视图"，可以支持我们制作出阅读容易、要点清晰的文档。

使用这个功能的话，输入的文章会被分条显示，各个项目的顺序可以被自由调换。并且，因为可以一边设定级次一边组合关键词，所以可以在视觉上确认文档的结构。

实际使用的时候，从想出要列举的关键词开始。然后，切换到大纲视图，一边整理和分类关键词，一边确定上下级关系，就可以在短时间内完成文件的大致骨架。

⊙ 在 Excel 中瞬间移动到"A1"单元格

在用 Excel 制作表格时，如果想回到"A1"单元格，除了使滚动条滑动之外，也可以转动鼠标的轮子来滚动画面。或者在工具栏下的"名称"框中输入"A1"然后按下 [Enter] 也能实现同样的操作。

只是，如果想更快速、一瞬间就完成移动的话，按下 [Ctrl]+[Home] 键即可。同样的技巧还有按下 [Ctrl]+[↓] 键就能回到整列最前面的单元格，按下 [Ctrl]+[←] 键就能移动到整行最前头的单元格。

⊙ 在 Excel 表格或策划案中插入"今天的日期"

使用 Excel 制作表格或策划书的时候，记录"今天的日期"的快捷键是 [Ctrl]+[:]。选择想要插入日期的单元格，按下这组键，就可以一次完成日期输入。

另外，按下 [Ctrl]+[Shift]+[:] 键的话，就可以插入现在的时刻。按下 [Ctrl]+[:] 后，再按下空格键、[Ctrl]+[Shift]+[:] 键的话，就可以同时输入今天的日期和现在的时刻了。

但是，这些数据在每次打开文件时就会更新到当时的日期。如果真想留下记录的话，还请直接输入。

⊙ 在 Excel 中删除行和列

在 Excel 中删除或者插入列、行，有几种方法。如果是普通的做法，就单击工具栏中的"删除"或"插入"按钮，或者是右键单击想要删除、插入的单元格或列、行，从显示的菜单中选择。

但是，这种操作只用键盘也能完成。步骤是选择单元格后，按下 [Ctrl]+[-] 键，这时就会弹出"删除"对话框，用 [←][→][↑][↓] 键来选择希望处理的选项，然后按下 [Enter] 就行了。

另外，如果在已经选择了列、行的状态下进行同样操作的话，会不显示对话框直接进行删除或插入。

⊙ 在 Excel 中防止重新验算的"追踪"功能

在 Excel 中重新验算，说是最无用的作业也不过分。为了防止重算，选择想验证计算的单元格按下 [F2] 键，就可以检查计算公式是否有错误，但更方便的办法是"追踪"功能。

所谓追踪，是指用箭头来显示某个计算参考了哪些单元格的计算检查功能。[F2] 键只能确认一个单元格的计算式，但是"追踪"可以同时检查多个单元格的计算，因此容易发现计算错误，这是其最大的好处。

⊙ 最大限度地利用 Excel 做有特色的"工作表"

可以把多个"工作表"收纳在一个文件中是 Excel 最大的特色。

例如，在总结关于某个商品的问卷调查文件时，在 Word 中只能作为不同的文件保存。但是，如果是 Excel 的话，可以利用工作表，将其总结成一个文件，因此能够有效地管理格式相同的大量文件。

另外，由于工作表有各自的名字，所以能够更视觉化地整理文件，这也可以说是其很大的一项魅力。

⊙ 迅速选择 Excel 单元格的快捷键

在选择 Excel 单元格范围的时候，可以利用各种各样的快捷键迅速地进行工作。首先，选择表格全部单元格的快捷键是 [Ctrl]+[*] 键，一边选中表格最左上角的单元格一边按下这两个键的话，就能连显示画框以外的表格都选中。但是，表中有空行和空串的时候，选择范围就会被切断，所以想将包括其在内的全部表格选中时，请按下 [Shift]+[Ctrl]+[End] 键。

其次，按下 [Shift]+[Ctrl]，加上 [←][→][↑][↓] 任何键的话，就可以选中位于指定单元格相应方向的部分。

⊙ 利用 Excel 方便的"朗读功能"

想绝对避免数据输入错误的时候，推荐利用Excel的"朗读功能"，用眼睛和耳朵进行双重检查。

操作方法是，从位于画面上部的"文件"中选择"选项"，单击"快速访问工具栏"，选择"不在功能区中的命令"或"全部命令"，在显示的候选菜单中选择"按 Enter 开始朗读单元格"→"添加"→"确定"，这样就完成设定了。

在执行朗读时，如果单击快速访问工具栏上的朗读指令，则可以读取指定的单元格内的数据。

⊙ 可以根据 Excel 下一个输入的单元格选择不同的键盘操作

在 Excel 中，往纵横各个方向上输入数据时，可以根据下一次输入的单元格来进行不同的键盘操作，从而提高工作效率。

例如，输入数据按下 [Enter] 确定后，光标会向所选单元格的下方移动，如果想让它相反地向上方单元格移动的话，按下 [Shift]+[Enter] 即可。向右方移动按 [Tab]，向左方移动按 [Shift]+[Tab] 键。

⊙ 在 Excel 中使用"自动填充"输入连续的文字或数字

在输入连续的文字、数字时，是不用一个一个手动去打的。这种时候必须使用的是 Excel 的"自动填充"功能。

操作顺序是，在横向或纵向的单元格中输入开头的两个数据后，选中这两个单元格。将光标移到单元格的右下，出现"+"标志时，点击它并且向下或向右拖动即可。然后，拖动的部分就会自动输入文字或数字。"1、2……"这样的数字自不必说，"星期一、星期二……""一月、二月……"这样的信息也能连续显示，请一定要活用这个功能。

⊙ 在 Excel 中让图形等间距的复制粘贴窍门

手动让同样的图形之间以相等间距排列的话，自然很花费时间，想要完成好看的效果也绝不简单。这种时候就要用到快捷键 [Ctrl]+[D]。

首先，要制作好想要复制的图形，单击图形后按 [Ctrl]+[D] 键。然后，在原图形的下面会出现新图形，与原来的图形重叠。然后就是拖动这个新图形，将它移动到想要放置的地方。重复这个操作的话，就可以复制粘贴等间距的图形了。

⊙ 将 Excel 表格一键"图表化"

在用 Excel 制作图表时，通常需要从"插入"菜单中选择"图表"功能。但是，即使不这么麻烦地操作，也有一键实现"图表化"的技巧。

操作法实际上很简单，选中填了数字的表中想要图表化的单元格范围，然后按下 [Alt]+[F1] 键即可。图表中最常用的簇状柱形图，就会被表示在同一个表格页面。另外，同样的情况下按下 [F11] 键的话,就会插入一个新的"图表"页面，显示出一幅大图表来。

⊙ 在 Excel 中转换行和列的技巧

对于已经制作好的表格，想要转换行和列的时候，一个一个地重新输入是很浪费时间的。试着只用鼠标操作，来简单地实现行和列的替换吧。

首先，指定想要替换的行和列的范围后点右键，选择"复制"。接着，在想制作的新表的页面的最前面的单元格上再次点右键。

这个时候只要在显示出的"选择性粘贴"菜单中，单击"转置"，就可以瞬间生成行和列替换后的表格。

⊙ 在 Excel 中让单元格瞬间进入"编辑"状态

将输入了数字之类的单元格返回到"编辑"状态，有好几种进行修正的方法。一个是双击单元格的方法，但这必须建立在手从键盘移到鼠标的基础上，在表的内容很详细或光标移动困难的时候，可能就会降低工作效率。

这里要推荐的是使用 [F2] 键的方法。选择想要返回编辑状态的单元格，按下 [F2] 键的话，光标就会插入单元格内数字之类信息的末尾，之后再用键盘进行修正就可以了。

⊙ 轻松地移动 Excel 中"行"的方法

在 Excel 中想移动"行"的时候，首先点击想移动行的行号，选中整行。接着，把光标移动到框上，确认光标变成十字箭头，然后拖动到想移动的地方就完成了。

顺便说一下，用同样的操作方法一边按下 [Ctrl] 键一边拖动的话，就可以复制行。另外，对列和单元格，也可以执行同样的操作。

⊙ 在 Excel 中选择已经输入过的文字的窍门

如果使用 Excel 制作了客户列表或地址记录的话，相同名字的负责人和相同的地名会反复登场。在这种时候，不用一直输入同样的词，可以使用选择已经输入过的文字的窍门。

用法是按下 [Alt]+[↓] 键。进行这种键盘操作的话，就可以显示出同一列中已经输入过的文字的列表。然后就是从候补中选择想要的文字，按下 [Enter] 键就完毕了。

⊙ 在 Excel 单元格中按需要的位置换行

在 Excel 中，在单元格里输入文本按下 [Enter] 键的话，光标就会移向下一个单元格，无法进行换行。

想要换行的时候，就把文字输入要转行到的位置，在按住 [Alt] 键的状态下，按下 [Enter] 键即可。在单元格中，光标就会移动到下一行，然后就可以输入后续的文字。

另外，如果在单元格内进行换行的话，行数增加了，单元格的高度会自动变高。

⊙ 在 Excel 中，不使用鼠标移动工作表的方法

用 Excel 制作数据的话，工作表的数量会不断增加。这个时候可以使用鼠标移动工作表，但如果工作表数量很多的话，标题的尺寸也会随比例变小，使用鼠标操作选中就会很困难。

因此，为了顺畅地进行工作表的切换，希望你能利用快捷键。操作法是，按下 [Ctrl]+[PageUp] 键，页面会移动到左侧相邻的工作表；按住 [Ctrl]+[PageDown] 键的话，是移动到右侧相邻的工作表。另外，也可以右键点击工作表的标题部分→选择"移动或复制"，从一览表中选择移动目的地。

⊙ Excel 令人意外的隐藏诀窍！活用状态栏

在用 Excel 展示数据的时候，希望大家能关注页面下方的状态栏。在那里，可以显示选定范围内单元格里数值的"平均值""数据个数""总计"等计算结果。只需一眼就能确认，可以节省一个一个计算数据个数的时间，因而对提高工作效率有很大贡献。

另外，状态栏中所显示的项目，单击右键就可以从快

捷菜单中选出，请一定要根据自己的喜好进行设定。

⊙ 把 Excel 文件转换为 PDF 后发送

如果将 Excel 的文件添加到邮件中发送的话，请务必转换为 PDF 之后再发送。因为，如果直接提交 Excel 数据的话，公式之类的信息也会传递给对方，所以有可能泄露成本之类的机密信息。另外，如果对方在智能手机上确认数据的话，可能打不开 Excel 格式，如果是 PDF 的话，无论什么环境都能打开。所以一定要养成这个习惯。

转换方法是点击"文件"标签，选择"导出"，点击"创建 PDF/XPS 文档"，选定保存路径单击"发布"，这样就完成了。

⊙ 为了让下一个用 Excel 文件的人容易使用，花上一番心思来保存

在传递工作的时候，为了不给其他人带来麻烦，做得智能一些是商务礼仪。比如 Excel 的文件，为了让下一个人方便使用，在保存的时候一定不要忘记花上一番心思。

因为 Excel 会把选择了的单元格的位置和窗口尺寸等

保存在工作中的状态，如果就那么保留位置和尺寸的话，就有可能给下一个使用文件的人造成压力。

因此，在工作结束后，要将单元格的位置恢复为"A1"，将窗口的尺寸调为最大，然后再覆盖保存。请把这一点养成习惯。

⊙ 使用 Excel 打印时要防止"数据溢出"

为了防止在打印 Excel 数据的时候出现"数据溢出"，使数据能恰好打印在一张纸上，应该好好地进行一下设置。打印设置要从 Excel 的工具条上的"页面布局"标签→"调整为合适大小"组内的"宽度""高度"来设定。如果想把数据收在一页，把两者都设定为"一页"就可以了。

另外，如果单击"视图"标签，选择"页面布局"的话，就可以在预览中一边确认页面位置一边做修改了。

⊙ 在 Excel 中一招搞定"%""¥"的表示方法，使数字自带分位符

要制作出易于理解的 Excel 表格，或是要用比率"%"

来表示，或是要在金额前加上"¥"等符号，要有用数字形式来表示的意识。用这种形式来表示，若是"%"的话，就按下 [Ctrl]+[Shift]+[%] 键；若是"¥"的话，就按下 [Ctrl]+[Shift]+[$] 键，这样操作的话一招就能完成。

另外，为了让大数字容易被看明白，想以分位符的形式表示数字时，就按下 [Ctrl]+[Shift]+[!]，这样就可以快速完成转换。

⊙ 想象一下印刷在纸上的状态再制作 Excel

使用 Excel 来制作数据的时候，如果经常联想到其印刷在纸上的状态来进行作业的话，就可以制成容易看明白的表格。这个时候应该注意的要点是，在表的纵轴上排列哪些项目。

如果是商务文书的话，一般会把 A4 大小的纸设定为纵向的，然后横向书写。而且，看这个表的人的视线，因为经常要重复横向的移动，所以会希望能在横向上整理出一个可以一目了然的数据组。也就是说，如果所制的表的宽度能放在 A4 大小纵向的纸上的话，就是一个容易看明白的表。

⊙ 最后再"完善"

制作 Excel 表的途中，调整表格的种类和列的宽度，只会让工作效率下降而已。把"完善"这一步留到最后再做，一定要把"尽量避免做无用功"这点铭记在心。

并且，在完善表格时，希望你能活用"统一多个行和列的宽度"的方法。操作办法是用鼠标拖动行和列来指定范围。然后，调整任意行或列的边界线宽度，那么就可以一口气调整指定范围内所有行和列的宽度。另外，按住 [Ctrl] 键的话，也可以对不相邻的几行进行同样的操作。

⊙ 妨碍 Excel 数据输入的是"目光的移动"

数据输入是一项要尽可能高效率完成的工作，但若想提高工作速度的话，就最好把原始数据打印到纸上。也有人企图让复制原始数据的工作变得效率化，便把原始数据放在电脑里，一边切换窗口一边进行输入，但实际上这并不是很有效率。

因为，虽然也视文字量而定，但每次输入数据时都切换窗口的话，会格外费时间。比起这样做，把要输入的数据打印在纸上放在旁边，一边看这个一边输入的话，工作会切实地加速。

⊙ 利用数字键让 Excel 的数据输入高速化

为了有效地输入数值、数据，必须使用的是数字键。并且，如果记住数字键的初始键位进行盲打的话，可以进一步让作业高速化。

作为基本姿势，数字键要用右手输入，在中间一行的 [4][5][6] 上，分别放置食指、中指和无名指，这是初始键位。然后，把手指的位置向下挪动按下 [1][2][3]，向上挪动按下 [7][8][9]，[0] 用拇指去按，最后用小指按下 [Enter] 键，移动到下一个 Excel 的单元格就行了。

主要参考文献

[日]林学著:《Excel & Word "超"快技巧 118 条》,PHP 研究所

[日]中岛聪著:《为什么你的工作还没做完呢? 速度是最强的武器》,文响社

[日]伊庭正康著:《绝对不加班之人的缩时(工作)技能》,明日香出版社

[日]K's Production 著:《最强的电脑工作缩时术》,印象出版社

[日]宝岛社著:《别册宝岛 零加班革命》,宝岛社

[日]新星出版社编辑部编:《图解全明白 整理术的基本》,新星出版社

[日]佐藤孝幸著:《工作和学习并存的时间术》,十字

媒体出版社

　[日]伊藤昭、酒井昌昭著：《工作的9成是"安排"决定的！》，高桥书店

　[日]本田尚也著：《工作由"安排"而定》，palpub出版社

　[日]高原真由美监制：《彻底图解 肯定出成果的商务整理术》，日本文艺社

　[日]井上香绪里著：《电脑工作效率UP 1秒术》，技术评论社

　[日]学研计算机编辑部著：《Excel缩时技巧+350条函数诀窍》，学研出版社

　[日]中山真敬著：《Excel工作的教科书》，三笠书房

　[日]"SCC图书馆"制作集团著：《Excel的商务活用！工作顺利的116条技巧》，SCC

　[日]五丈凛华著：《不低头，应用"缩时术"的销售方法》，桑马克出版社

　[日]弘兼宪史著：《从零开始的时间活用术》，幻冬舍

　[日]重茂达著：《工作量3倍，创建1300亿公司的社长的工作手册》，ASA出版社

　[日]大坪拓摩著：《独立创业，商业运营成功的缩时术》，海拓舍

[日] 河野英太郎著：《99% 的人都没有做的 1% 的工作窍门》，Discover 21 出版社

[日] 日本时间管理普及协会监制：《会工作的人的"桌面"是美丽的》，昴舍

[日] 永田豊志著：《拿出成果准时回家的缩时术》，软银 Creative

[日] 筱塚孝哉著：《工作快的人一定在做的整理习惯》，欢喜出版社

[日] 吉越浩一郎著：《"零加班"的工作能力》，日本效率协会管理中心

[日] 安藤哲也著：《能干的领导人为什么邮件简短？》，青春出版社

[日] 赤羽雄二著：《速度能解决一切 "零秒思考" 的工作术》，钻石社

[日] 西山昭彦著：《工作越来越顺利的速度整理术》，实业之日本社

[日] 山本宪明著：《没有被人评价说比自己考虑得还周全，总是加班的开始》，大和书房

[日] 理央周著：《工作得快的人绝对不会用的时间使用方法》，日本实业出版社

图书在版编目（CIP）数据

时短术 / 日本生产性改善会议编；泊舟译. — 北
京：北京联合出版公司，2019.3
ISBN 978-7-5596-2925-8

Ⅰ.①时… Ⅱ.①日… ②泊… Ⅲ.①时间 – 管理
Ⅳ.①C935

中国版本图书馆CIP数据核字（2019）第037938号

北京市版权局著作权合同登记号：01-2019-0319号

JITANJUTSU TAIZEN

©KADOKAWA 2017 First published in Japan in 2017 by KADOKAWA
CORPORATION, Tokyo.

Simplified Chinese translation rights arranged with KADOKAWA
CORPORATION, Tokyo through BARDON–CHINESE MEDIA AGENCY.

时短术

编　　者：日本生产性改善会议	译　者：泊　舟
责任编辑：刘　恒	特约编辑：杨　凡
产品经理：于海娣	版权支持：张　靖

北京联合出版公司出版
（北京市西城区德外大街83号楼9层　100088）
北京联合天畅文化传播公司发行
天津光之彩印刷有限公司印刷　新华书店经销
字数：130千字　　787mm×1092mm　1/32　印张：9.25
2019年3月第1版　2019年3月第1次印刷
ISBN 978-7-5596-2925-8
定价：49.80元